STRATEGIC THINKING BY LANCHESTER'S LAW

ランチェスター思考

競争戦略の基礎

ランチェスター戦略学会
ACADEMY OF LANCHESTER STRATEGY
監修

福田秀人
FUKUDA HIDETO
著

東洋経済新報社

ランチェスター戦略は、
「市場リーダーシップ戦略」と「ニッチ戦略」から構成される
競争戦略論のフロンティアである。

［本書刊行に寄せて］

競争理論とランチェスター法則

ランチェスター戦略学会会長／明治大学大学院教授◉上原征彦

ランチェスター戦略学会の最初の年次大会が開かれるときを捉え、福田教授のランチェスター法則に関する見解を明らかにした著書が出版されたことはまことに意義深いことだと思う。福田教授の努力と成果に敬意を表すると同時に、本著書が当学会での理論展開に大いなる貢献をすることに期待を抱いている。これを機会に、ここでは、学会長としての立場から、ランチェスター法則とその系譜、および競争理論とそれとの関係について触れておきたい。

ランチェスター法則は、2つの主体が戦うことを想定し、その戦闘力（どちらがどれほど相手に損害を与えるか）は何で決まるかを定式化したものである（16頁、9章参照）。それは、周知のように、一騎打ちの法則と呼ばれる第一法則と、集団戦闘の法則と呼ばれる第二法則から構成される。両式とも技術が一定であれば兵力数によって戦闘力が決まること、第二法則は第一法則よりも兵力数がさらに効き、それは二乗倍の戦闘力に結び付くこと、この2つが数学的な結論である。この結論を解釈することによって、たとえば強者と弱者の戦略の違い等について多くの示唆を得ることができる。日本では故田岡信夫氏がこうした解釈をベースにしてマーケティングにおける競争戦略の考案と普及に貢献してきた。

現在、ランチェスター法則と呼ばれるものは、上記の他に、ランチェスターの考え方を基礎としてクープマン等によって大きく修正された定式化を含む、と考えてよいであろう。それは、戦略変数と戦術変数を加え、2つの主体に関わるペイオフが均衡する解をゲーム理論で求めようとした数学モデルである。ここで、均衡条件を両者の戦闘力の比で表すことができるが、これを市場シェアに置き換える方式を考え、そこから競争戦略のありようを解釈することも試みられた。日本では、先述した故田岡氏が、斧田太公望氏の協力を得て、市場シェア均衡点について、想定されるいくつかのタイプを算出し、その各々における競争戦略とその課題を明らかにしてきた。

先述のごときランチェスター法則は、きわめて明快な定式化であって、戦争の勝ち負けに関わる状況を客観的に法則化した点において、おそらく右に出るものはないであろう。そして、こうした客観的法則に着目し、これをマーケティング競争の観点から解釈することによって多くの示唆を導き出した故田岡氏や斧田氏の功績は大きいといえる。故田岡氏や斧田氏に多くの実務家が師事してきたこと、これを基礎として、現在ではＮＰＯ法人ランチェスター協会が組織されるなど、先達が開発してきた戦略定石の進化を図るコミュニティが形成されてきたこと、この２つからみても、ランチェスター法則およびその解釈を日本に広めてきた先達の実務界に与えた影響は多大であったといえよう。

以上のような評価ができるにしても、学会を設立するにあたって、ランチェスター法則を競争理論にどう位置づけるかについては多くの学問的課題が残されていることを我々は確認しておかねばなるまい。まず、ランチェスター法則は、１対１の戦闘を想定しているが、企業の市場での競争は１対１の戦闘ではなく、多数の参加企業による顧客の奪い合いを基礎とする。また、市場でのシェア競争には企業の需要創造力が影響するが、ランチェスター法則にはこの点が配慮されていない。つまり、ランチェスター法則を市場競争法則に置き換えるための条件等について緻密な思考を展開していく必要がある。さらに、ランチェスター法則の解釈から生み出された様々な戦略定石のほとんどは他の分野で開発された理論（たとえば市場細分化理論や競争地位理論）で説明がつく、という点にも注目すべきだ。すなわち、他の分野での競争理論を的確に把握し、そこにランチェスター法則を位置づける作業も残されている。学会が長期に存続していくためには、こうした緻密さと地道さが要請されることをここで確認しておきたい。

［本書刊行に寄せて］競争理論とランチェスター法則◉上原征彦――002
はじめに――012
ランチェスター戦略のプロフィール――016

総論

1章 ランチェスター思考とは何か――020
［1］「市場占拠率の目標数値モデル」が生む戦略　［2］戦略は常識である
［3］動機や行動は、結果を正当化しない　［4］WHY&WHAT優先発想
［5］「占拠率の有効射程距離モデル」で無謀を回避する
［6］プロ向けの軍事論は、究極の危機管理理論　［7］ランチェスター法則から基本的な思想を学ぶ

2章 ランチェスター戦略の意義――030
［1］競争戦略論のフロンティア　［2］元ソ連軍将校たちに説く
［3］目標値とその意義を示した類例のない戦略論　［4］戦術の裏づけがある戦略論
［5］戦いを支配する力の法則に着眼　［6］体系的で、合理的な戦略論　［7］学界ではノーマーク
［8］軍事戦略論の焼き直しではない　［9］戦いの9原則　［10］任務指揮

3章 創造的破壊論の嵐 043
[1]ランチェスター戦略への逆風 [2]パラダイムの創造は可能か
[3]プロセス型戦略が創造をもたらすか [4]アマチュアの論理の横行
[5]アイデアの常識も否定される [6]ニュービジネス論ブームの勃発
[7]株価引き上げは手段にすぎない [8]アメリカ軍は、常識的な戦略をとった
[9]経験を重視し、経験不足を危険視する

4章 常識の勝利 054
[1]常識の勝利 [2]ウォーバーグ・ピンカスの見識
[3]レボリューションよりエボリューション [4]ランチェスター戦略の復権
[5]時代は、はるかに厳しくなった [6]最も厳しい状況を戦うための戦略論
[7]新たな課題

5章 戦いと戦略 065
[1]低成長時代への転換期に登場 [2]戦略は「戦いのはかりごと」
[3]ベサンコによる戦略の定義の紹介 [4]戦略は軍事用語である [5]戦いとは何か
[6]戦いを再定義する [7]勝つことのみが善なり [8]戦いが生まれない条件 [9]戦略とは何か
[10]戦略の本質 [11]戦いの原理 [12]軍事では、戦力の強化が最優先 [13]経営戦略の定義

6章 戦略と計画 082
[1]計画と戦略は正反対
[2]計画はたたき台である
[3]戦略は仮説である
[4]創発戦略
[5]サントリーの「やってみなはれ」
[6]松下幸之助の「予算則決算」
[7]ボイエットのポーター批判
[8]持久戦略も重要な選択肢
[9]持久戦からの攻勢移転

7章 戦いと管理 094
[1]管理とは何か
[2]経営が戦いとなる理由
[3]パーフェクトかベターか
[4]管理可能要素と管理不能要素
[5]計画主義と精神主義合体の脅威
[6]計画至上主義が、企業をつぶす
[7]計画主義のディスインセンティブ効果
[8]成果主義が、モラルハザードを生む
[9]後半主義と8掛主義
[10]先勝後戦

8章 現実と戦う 106
[1]破棄を想定するアメリカ軍の計画
[2]アメリカ軍の強制的戦力投入
[3]統合作戦計画の作成
[4]統合作戦計画の審査基準
[5]ドクトリンは変えない
[6]軍事的意思決定過程
[7]計画ではなく、現実と戦え
[8]OODAサイクルの高速回転
[9]要職につけてはいけない人々
[10]計画作成を成果と考える愚

各論

9章 ランチェスター法則――120
[1]セインツの海戦 [2]トラファルガー沖海戦 [3]フィスケの研究
[4]ランチェスター法則が発表された時代 [5]ランチェスター法則導出の経緯
[6]ランチェスター法則 [7]弱者の戦略、強者の戦略 [8]集中の威力、分散の危険
[9]分割強要 [10]ランチェスター法則の妥当性 [11]まず使ってみる

10章 目標とは何か――135
[1]目標の意味 [2]顧客のセグメンテーション [3]組織のナンバー2を目標とする
[4]目標は顧客 [5]目標の追加 [6]セブン‐イレブンの顧客拡大
[7]ミッドウェイ海戦の敗因 [8]代理購買の壁 [9]発泡酒の顧客は主婦

11章 集中とは何か――148
[1]内線戦略 [2]外線戦略 [3]フォードの悲劇 [4]初期段階で打撃する
[5]集中出店方式の威力 [6]自分から分散する企業が続出 [7]大量販売の一層の普及
[8]大量販売の難しさの克服 [9]さらに勢いを増す近代ビジネス

12章 市場占拠率の目標数値モデル――159
[1]ランチェスター戦略モデル式 [2]市場占拠率の目標数値モデル
[3]安定目標値の妥当性 [4]下限目標値の妥当性 [5]目標値を設定した理論の意義
[6]7段階の目標値設定の意義 [7]目的がPPMと正反対

13章 シェア原則〈規模と範囲の経済〉――170
[1]マーケットシェア至上主義を宣言 [2]マーケットシェア率と競争力の関係の研究
[3]規模と範囲の経済の威力 [4]プロダクトミックスの原理
[5]多角化は範囲の経済の問題 [6]規模の不経済 [7]価格競争を奨励も否定もせず
[8]売上、利益目標にひそむ危険 [9]在庫増加の脅威

14章 占拠率の有効射程距離モデル――180
[1]中長期的な戦略を追求する [2]占拠率の有効射程距離モデル
[3]BCGのPPMを評価した理由 [4]菊池の「勝敗の思案点」 [5]3つの競争原理

15章 グー・パー・チョキ理論――190
[1]ヒットしてから競争がはじまる [2]先発弱者の悲劇 [3]グー・パー・チョキ理論
[4]特許申請が裏目にでる [5]先行逃げ切り論の虚構 [6]参入障壁

16章 マーケットの特定――200
[1]水道水はコカ・コーラのライバル？　[2]オレンジジュースのライバルは？
[3]攻撃しているのに気づかない　[4]マーケットを決めることの難しさ
[5]ライバルを決める　[6]地域戦略が最重要課題

終章 ランチェスター戦略をふりかえる――208
[1]現実を知り、現実と戦う　[2]失われた15年論への疑問
[3]非営利組織にとって、使い勝手の良い戦略論　[4]ランチェスター戦略のバージョンアップ

[田岡信夫・遺稿より]田岡信夫の戦略発想・他社に勝つセールス――216

[特別寄稿]ランチェスター戦略の課題――倫理を基底にすえた競争戦略の追求◉矢野　弾――236
コンサルティングの現場から――ランチェスター戦略の教育・活用・成果◉福永雅文――240
ランチェスター戦略に賭けた田岡信夫と経営者たち◉田岡佳子――244

[参考文献]――251

装幀／竹内雄二
本文デザイン／坂　重輝
本文ＤＴＰ／佐藤浩明
写真提供／ランチェスター協会

ランチェスター思考

競争戦略の基礎

ランチェスター戦略学会副会長・研究委員長
立教大学大学院危機管理学教授　福田秀人

はじめに

最近のことであるが、ある大手アパレルメーカーの役員が、「ランチェスター戦略を読みましたが、若いころに読んだときと違って、骨身にしみました。課長になったときに、読み返しておけばよかった。あれは、いつの時代も通用するバイブルですね」と述懐した。

ランチェスター戦略は、日本経済が高度成長から低成長へ移行し、販売競争が格段に激しくなった時代の転換期、1972年に、マーケティング・コンサルタント田岡信夫と社会統計学者斧田太公望が、**「ランチェスター法則」**と**「ランチェスター戦略モデル式」**をベースに開発した競争戦略論である。

ランチェスター法則は、戦いを支配する力の法則であり、**「集中の威力、分散の危険」**と、**「弱者が強者に勝つ条件と、その限界」**を示唆するものである。

田岡は、『競争市場の販売予測』をはじめ、『ランチェスター戦略入門』、『市場参入戦略』、『テリトリー戦略』、『実践ランチェスター法則』、『図解ランチェスター法則入門』など、次々と出版したが、その多くがベストセラーとなり、総発行部数は、500万部を突破したときく。

これは、今日と比較にならぬほど厳しい状況にあった戦後の復興期から、20年、30年と、困難な時代を戦い、高度成長をもたらしたトップやミドルが、「なるほど、そのとおりだ」と実感したためであろう。

実際、多数の有力経営者が、本を読むだけでなく、田岡の指導を受けた。

松下幸之助は、田岡の提案により、松下電器産業（現パナソニック）の販売店がランチェスター戦略を実践するための「泉会」まで創設した。

ランチェスター戦略の大きな特徴は、次のとおりである。

❶利益ではなく、マーケットシェアの拡大を追求する。

❷マーケットで2位以下の企業の持続可能性を追求する、力の強弱に応じた競争戦略論。

❸マーケットをセグメントし、ステップ・バイ・ステップで、より高い目標を段階的に達成し、トップを目指す、中長期的なスパンの戦略論。

❹精神力の限界をわきまえ、過大な目標や努力を要求しない。

……そして、❺力に応じた数値目標を設定した、類例のない競争戦略論。

以上により、学校、病院、ＮＰＯなどの非営利組織の持続可能性を高める戦略にも応用できるものとなっている。

なぜなら、企業の利益極大化を追求する戦略論ではなく、「**マーケットシェアの拡大により持続可能性を高めるための戦略論**」だからである。

利益の追求を論じていないために、企業の本質を知らない、的外れな戦略論との批判も存在する。

しかし、今日、競争戦略論では、マーケットが縮小していく衰退期には、マーケットシェア拡大を追求する以外に、企業が持続可能性を向上させることはできないことが論証されている。

その旗手で、１９９６年にアメリカ経営学会経営政策・戦略部会会長となった、ジェイ・バーニーの

『企業戦略論』2002年は、次のとおり論じている。

衰退期を生き抜こうと決断した場合、その企業は、生存確率を高めるためのさまざまなステップを考慮しなければならない。……典型的には、業界で、最大の市場シェアを有する企業になっておくことである。

衰退業界でニッチ戦略をとる企業は、事業範囲を狭く絞り、業界のあるセグメントに集中する。……たとえ業界全体の需要が縮小していたとしても、それらの企業は、有利な市場を享受できるかもしれない。

今日の競争戦略論では、前者は、「市場リーダーシップ戦略」と呼ばれ、後者は、「ニッチ戦略」と呼ばれるが、ランチェスター戦略は、そのような理論や分類がない時代に、その2つの戦略から構成された戦略論だったのである。

ランチェスター戦略は、まさに、競争戦略論のフロンティアであり、ここに、「今こそランチェスター」といわれる根拠がある。

実際、ほとんどの企業は、利益を犠牲にしても、マーケットシェアの拡大を追求し、激しい生存競争を戦っている。

それを、横並び競争と批判し、日本の情けない悪弊と慨嘆し、アメリカを見習えと説く論もあるが、アメリカでも同じことが、膨大な研究で実証されている。

こと、資本主義国では、競争に挑み、よりよい商品を、より安く供給することが、企業に課せられた社会的責任とされ、競争促進政策がとられている。

それに反する行為は、資本主義の根幹を危うくする犯罪として、独占禁止法違反で処罰されることもある。

規制緩和とは、非営利組織を競争から保護していた規制を緩和し、それらの組織にも、同様の理念で、競争を促すものでもある。

本論は、これまで論じた認識をふまえ、ランチェスター戦略のコアと、それを貫くランチェスター思考を紹介し、その意義を明確にして、企業はもとより、非営利組織の持続可能性を追求するトップやミドルの参考に供する試みである。

［付記］ランチェスター戦略については、田岡信夫が１９８４年に逝去した後に出版された『総合ランチェスター戦略』ビジネス社、１９８６年にもとづいて論じた。ゴシック表示の文章は、注記がない限り、同書よりの引用・転載であり、ＮＰＯ法人ランチェスター協会・田岡佳子理事長の承諾をえて使用した。ただし、商品と製品が混在して用いられていたので、商品に統一した。また、商品には、サービスも含めた。

ランチェスター戦略のプロフィール

ランチェスター法則は、次の2つから構成される。

❶ランチェスターの一次法則（一騎打ちの法則）：一騎打ちの場合、武器の性能が同じなら、戦闘力は兵力（兵士の数）に比例する。

＊同能力の兵士が10人対7人で戦えば、少数側が全滅した時、多数側は3人生き残る。

❷ランチェスターの二次法則（集団戦闘の法則）：互いに相手の部隊に無差別に発砲する集団戦闘の場合、武器の性能が同じなら、戦闘力は兵力の2乗に比例する。

＊同性能の機関銃が10丁と7丁の部隊の戦闘では、戦闘力は100（10の2乗）対49（7の2乗）となる。結果、7丁の方が全滅した時、10丁の方は、7丁以上が生き残る（$\sqrt{100-49}=\sqrt{51}\fallingdotseq 7$）。

これらは、「集中の威力、分散の危険」と、「兵力劣勢側が、優勢側に勝つ条件と、いくらがんばっても勝てない限界」を示す。

F. W. ランチェスター（Frederick William Lanchester）
1868～1946年。ロンドン生まれの自動車工学・航空工学の研究者。王立航空協会名誉会員、英国学士院会員、法学博士。英国最初のガソリン自動車を設計・製造。ダイムラー自動車の技術顧問を務める。ガソリンエンジン自動車、飛行機の創世期において、理論と実務両面において大きな貢献をした。特に39歳（1907）のときに刊行した『空中飛行学』は当時の画期的業績とされる。48歳（1916）のときに『戦争における航空機　第4の武器のあけぼの』を執筆。第一次大戦の際の初めての航空機による空中戦を分析し、兵力量と損害量の関係から、2つの軍事的法則を発表した。これは後に「ランチェスター法則」と呼ばれ、日本では軍事論としてよりも競争戦略論として発展、普及した。

これから、次の2つの戦略が開発された。

❶弱者の戦略：強者と正面から戦うのを避け、局地戦、接近戦を挑む。

❷強者の戦法：弱者との接近戦を避け、間接的、遠隔的な確率戦を挑む。

［注］田岡は軍事用語の集団戦闘を確率戦と読み替えた。

また、ランチェスター戦略モデル式から、次の2つの理論モデルが開発された。

市場占拠率の目標数値モデル

❶上限目標値　74%：絶対的な独走状態。

❷安定目標値　42%：安定的な強者の位置。独走態勢に入る。

❸下限目標値　26%：弱者と強者の境目。トップになることもあるが不安定。

❹上位目標値　19%：弱者のなかの相対的強者。伸びるか、落ちるか不安定。

❺影響目標値　11%：存在がマーケット動向に影響を与え、注目される。

❻存在目標値　7%：存在が競合社として認められる。

田岡信夫（たおか・のぶお）

1927～1984年。東京都立大学大学院卒。社会心理研究所主任研究員、日本広告主協会調査室長、㈳セールスプロモーションビューロー調査部長等を経て、64年経営統計研究会を設立。76年㈱ランチェスターシステムズ代表取締役。第二次大戦後ランチェスター法則を知り、マーケティングに応用できるのではないかと考案した田岡信夫と社会統計学者の斧田太公望は「ランチェスター販売戦略法則」として体系化。多くの企業で成功事例を生み出し、『競争市場の販売予測』『ランチェスター販売戦略（全5巻）』『実践ランチェスター法則』『図解ランチェスター法則入門』『マーケティング参謀学入門（全3巻）』など、その一連の著作はミリオンセラーとなり、広く実業界に支持された。

❼拠点目標値　3％：存在自体が無視されるが、なんとか存在できる。

占拠率の有効射程距離モデル

❶弱者の戦略でも、マーケットシェア率が3倍以上の相手には勝てない。

❷強者の戦略では、マーケットシェア率が1・7倍以上の相手には勝てない。

以上、2つの理論モデルをふまえて、「ナンバーワン主義＝占拠率優劣の法則」、「弱い者いじめの法則＝競争目標と攻撃目標の分離」、「一点集中主義」といった3つの競争原則と、地域別、商品別、商品サイクル別の戦略を論じたものである。

ランチェスター思考
競争戦略の基礎

総論

1章　ランチェスター思考とは何か
2章　ランチェスター戦略の意義
3章　創造的破壊論の嵐
4章　常識の勝利
5章　戦いと戦略
6章　戦略と計画
7章　戦いと管理
8章　現実と戦う

1章 ランチェスター思考とは何か

1 「市場占拠率の目標数値モデル」が生む戦略

ランチェスター戦略に、「市場占拠率の目標数値モデル」というものがある。

それは、「3%、7%、11%、19%、26%、42%、74%」というマーケットシェアが、いかなる意味を持つかを示すものである。

そこから、次のような戦略を考えることができる。


「全てのライバルが、まとまって攻撃してきても、42%以上のマーケットシェアを確保していれば、互角に戦うことができる。それ以下なら、苦戦を強いられる。しかし、26%以上のシェアを確保していれば、何とか対抗できる。

よって、26%を目標に、毎年、段階的に目標を設定し、チャレンジせよ。それには、優れたライバルに学び、劣ったライバルと戦うよう心がけよ。それで、地域や業界のトップになっても、42%になるための戦いを継続せよ」

26%を25%か30%、42%を40%と、きりのいい数字にしてもよい。

成績が悪い学生が、一気にトップを目指すのではなく、優れた成績の者を模範に勉強し、まず、下位グループから脱出し、次に平均点を目指し、上位グループに入るようにがんばっていくように、「**優れた組織に学び、高い目標を段階的に達成していく**」というのが、ランチェスター思考の基本である。

2 戦略は常識である

これまで論じたことは、数字はともかく、考え方は当たり前の常識である。

いってみれば、「**数字付き常識論**」である。

これについて、田岡は、次のようにいっている。

『戦争論』を書いたクラウゼヴィッツは、「戦略とは則、常識である」といっている。その意味では、戦略とはそれほど複雑怪奇なノウハウでもないし、また、実際問題として、複雑にむずかしく考えるべきものではない。

その結果、ランチェスター戦略は、様々な組織の、様々な問題に応用できるものとなっている。

たとえば、１００人のグループに、これまでの正反対の方針を提案する場合、１人も賛成しなければ、奇人変人ないし危険分子の烙印が押され、孤立する。

10人が賛成しても、その程度では、異分子扱いされて無視され、簡単に追放されるかもしれない。

だが、25人が賛成すれば、どうだろうか。

少数派だが、無視されない勢力になり、意見を真剣に聞いてもらえ、程度の多少はあれ、グループ全体に影響力を及ぼすようになるであろう。

40人が賛成すれば、依然、少数派といえ、力関係も主流派と互角になり、妥協を引き出すことができるようになる。

これは、次のような戦略を生む。

「これまでの方針に反する新しい提案をする場合は、できれば40人、せめて25人の賛同を得るように、根回ししておく。それができないなら、提案せず、25人の賛同を得るよう努力する。それでも、25人以上の賛同をえることができないなら、提案を中止する」

それは、致命傷を負わないための撤退基準を設定した戦略であり、「**勝算がなければ撤退する**」という、ランチェスター思考の産物である。

また、難しい仕事をする場合でも、とりあえず25%やれば、なんとかやれるとのメドがつき、40%いけば、どんどんはかどることが多い。

まず25%達成することを目標に、努力を集中する方が、そういった目標を設定せずに、ただ100%を目指すより、よい結果をもたらすであろう。

ランチェスター戦略は、実感にそった、数値目標を提示しているのである。

このように、「**実感の伴った、意味ある数字を設定し、チャレンジする**」ことも、ランチェスター思考である。

3 動機や行動は、結果を正当化しない

企業であれ、非営利組織であれ、高い目標、ひいては困難な目標のみを掲げ、その達成を目指し叱咤激励するだけというのは、最悪である。

高い目標を掲げる一方で、それに至る段階を設定し、それ毎の目標を定めることで、メリハリのきいた活動が展開できる。

また、それができなければ、中止することを考えるべきである。

高い目標だけ掲げ、いつまでもメドがつかない仕事を続けさせるのは、努力と資金をむだにし、他にチャンスがうまれても気づかず、気づいてもチャレンジする余力をなくし、仕事に携わる人々の誇りと意欲を奪い、無力感と屈辱感で精神と肉体をむしばんでいく。

社会学の巨星、ドイツのマックス・ウェーバーは、「**動機は行動を正当化せず。行動は結果を正当化せず**」といった。

いくら、動機がよく、また、熱心に行動しても、結果が悪ければダメである。

彼は、動機の正当性だけをアピールし、チャレンジするといった風潮があったから、そのようなことを言ったと思う。

彼が死んだのは、第一次世界大戦の敗戦により、悲惨な状況に陥ったドイツで、「破壊が創造を生む」と叫んだヒトラーが台頭しはじめた頃である。

それは、常識が、非常識と葬り去られる時代であった。

日本では、ここ二十数年、イノベーション自体を目的とし、それを実現するための方法を、常識と現

状の否定、すなわち破壊に求める論が盛んであった。

それと正反対の、**「常識の適否をきちんと判断し、正しい常識にもとづいて、なすべきことをしていく」**というのも、大事なランチェスター思考である。

4 WHY&WHAT優先発想

段階的な数値目標を設定し、それぞれの目標値の意味を示すことは、5W1Hのうちの「WHAT（なに）」と「WHY（なぜ）」、すなわち**「WHAT&WHY優先発想」**の産物である。

これは、アメリカ陸軍の最新の上級指揮官（師団長、大隊長など）向けマニュアル『FM5－0：陸軍の計画策定と命令の準備（アーミー・プランニング・アンド・オーダーズ・プレパレーションズ）』2006年に示される発想と軌を一にするものである。

そこには、それが、配下の指揮官が任務を誤解して、的外れなことをしないための不可欠な条件であると同時に、彼らに、具体的に何をするか、すなわちHOWの決定を任せて、成果をあげるための条件であることが、次のとおり強調されている。


優れた計画は、WHAT（何を達成すべきか＝任務）とWHY（なぜ必要か＝目的）を部下に示し、どのようにするかは部下にゆだねられる。

これにより、計画は、すべての部隊の目的の共有と、目的達成のための柔軟な行動を可能とする。


また、大企業なら課長や係長に相当する前線の戦闘部隊指揮官（中隊長、小隊長など）向けマニュアル『FM6―0：任務指揮（ミッション・コマンド）』2003年では、次の要求が記されている。

予期せぬ好機や脅威に対応するには、部下が自発的に行動することが必要である。部下の主導性（イニシャチブ）を発揮させる方が、整然と行動させるより、よい結果を生むことが多い。

なお、計画は、指揮官の意図の徹底と行動のたたき台になるためのものとされており、PDCAサイクル（95頁）論者のように、必ず実行せよとは要求していない。

そして、次の注意がなされ、大もとの統合作戦計画にも、「**本計画は、破棄されるまで有効**」と明記されている。

計画ではなく、敵と戦う。敵と接触し、修正の必要のない計画はない。

これは、なにごともスピーディに決定し、実行する組織では、当然のように心がけていることであろう。

このマニュアルは、数十年にわたって、幾度も改訂されてきたが、この点については変わらず、その他、多数の常識がルール化されており、それを田岡が知っていたなら、大いに活用したであろう。

「**WHY&WHAT優先発想**」も、大事なランチェスター思考である。

おかげで、ランチェスター戦略には、「なぜ、こういったことをしなければならないか」といった説明が、しつこくなされている。

[5] 「占拠率の有効射程距離モデル」で無謀を回避する

高い目標は、全く新たな発想と行動を生み、現状をブレイクスルーし、素晴らしい成果をもたらすといった考えがある。

その程度で、ブレイクスルーできるなら、世の中は、画期的な商品の開発や、すごい業績をあげる企業であふれかえる。

ソニーがウォークマンを大幅に小型化するのに成功した事例が、よく引用されるが、それは、それを実現できる能力をもっていたからである。

それをもたず、高い目標に本気でチャレンジすれば、破滅する。

旧日本軍の竹槍精神、未だ健在といったところであるが、ランチェスター戦略は、**「占拠率の有効射程距離モデル」**をもとに、そのような無謀をせぬよう、注意しているのである。

その要旨は、次のとおりである。

「県や市町村のような特定の地域での競争のような局地戦では、マーケットシェア率が3倍以上の相手には勝てない。東北地方とか、九州地方とか、さらには全国的な競争を展開する広域戦では、マーケットシェア率が1・7倍（$\sqrt{3}$）以上の相手には勝てない。よって、そのような相手と正面から戦うのは避け、弱い相手と戦ってシェアを積み上げ、それらとの差を縮めてから、改めて戦え」

このように、できる限界を定め、無謀を回避しようとするのもランチェスター発想である。

それは、「弱者に知恵と勇気を与え、勇敢と無謀の境界を教える」ものである。

〔6〕プロ向けの軍事論は、究極の危機管理理論

ランチェスター戦略が、無謀なことをせぬよう強く注意するのは、ランチェスター法則が、軍事理論であったためでもあろう。

軍事の理論やマニュアルというと、相手を、いかに破壊殺傷して勝つかを論じた、勇ましい、ないし、おぞましい内容のように思われがちである。

確かに、そういったことも論じられている。

しかし、将校、すなわち実際に戦闘を指揮するプロの軍人を対象としたそれらは、数々の悲惨な事例をふまえ、勝つよりも、破滅しないことを優先している。

それは、極限状態を生き抜くための究極の危機管理理論である。

今日も、最も完成度が高い体系的な軍事理論とされ、アメリカ陸軍も依拠するクラウゼヴィッツの『戦争論』１８３２年は、その代表である。

どこにも必勝法は書かれておらず、「戦いは錯誤の連続」であり、「勝利は、錯誤の少ない方にほほえむ」こと、そして、戦略は大事だが、「必勝の戦略はない」ことが強調されている。

ちなみに、アメリカ陸軍の『ＦＭ６－０』は、自分の部下、部隊の実力を正しくつかみ、実力以上のことに挑戦しないよう、くどいほど注意している。

そして、**「指揮官は人間の忍耐力の限界を認識せよ」**と論じている。

ただし、戦闘では、それにこだわっていれば苦境を切り抜けられない事態も生じるため、**「部下に、**

忍耐力の限界を超す努力をさせることをためらうな」とも記されている。

しかし、それに続けて、「**ただし、その後、必ず休ませよ**」と命じている。

戦略は、勝つためのものであるが、そのためには、実力以上のことにチャレンジして破滅しないための策も含まなければならないのである。

7 ランチェスター法則から基本的な思想を学ぶ

田岡は、次のように、論じている。

勝ち方には一定のルールがある。そのルールを知っているか否かによって、企業の優劣に大きな差が生じることはいうまでもない。この勝ち方のルールに関して、私は一貫してランチェスター法則というもののなかからその基本的な思想を学びとるように主張してきた。（傍線筆者）

軍事理論であるランチェスター法則から、勝ち方のルールに関する基本的な思想を学びとる以上、それは、これまで紹介したような、究極の危機管理発想をふまえたものになる。

ランチェスター法則自体、その方程式から算出されるのは、敵味方の残存兵力であり、敵にどれだけの損失を与えるかは、その数値から、逆算することでえられるにすぎない。

これは、軍事では、味方の残存兵力が、戦果評価の最重要要素であり、それをいかに大きくするかが重視されるからである。

いかに敵に大きな損害を与えようと、残存兵力が小さければ、評価はぐっと下がるのである。

ランチェスター法則は、いかに少ない損害で勝つかを追求する、ひいては、危機管理を重視する考えから生まれたものであり、その基本的な思想、ランチェスター思考は、危機管理重視思考に他ならないのである。

ここに、ランチェスター戦略は、持続可能性の向上を目的としたものとなり、マーケットシェア拡大の追求は、成長のためではなく、生存のためであることが、『総合ランチェスター戦略』の冒頭に、次のとおり、明記されたのである。

何でも作れば売れるという時代は終わってしまった。市場の80％が成熟化してきたこと、全体の需要の伸びがゼロに近づいたこと、すなわちゼロサム時代を迎えたことが、その背景にあることはいうまでもない。

全体の伸びがゼロということは、市場としてのパイの大きさが限られているということであり、したがって当然、その中身はマーケットの壮烈な陣取り合戦、生きるか死ぬかの熾烈な販売合戦の様相を呈するようになってくる。

競争に勝つことが生き残りの条件である以上、そこには勝つための戦略というものが不可欠となる。そもそも企業としての基本戦略は、他社との生存競争そのもののなかで、敵と戦って勝つのだ、という信念に根ざしていなければならない。戦略の必要性は、まさにそこからでてくる。

2章 ランチェスター戦略の意義

1 競争戦略論のフロンティア

ランチェスター戦略は、「多数のライバルが存在し、商品力で大きな差をつけるのが困難な状況で、企業が、持続可能性を高めるには、何をし、何をしてはいけないか」を、体系的に示した競争戦略論である。

それが出現した1972年当時は、チャンドラーやアンゾフなどによる、大企業の一層の発展のため、いかに事業の多角化を計画的に推進するかとか、組織構造を変えていくべきかといった経営戦略論が主流だった。

1960年代に開発され、今日も、よく経営論や競争戦略論で紹介される「**BCG（ボストン・コンサルティング・グループ）のPPM（プロダクト・ポートフォリオ・マネジメント）理論**」も、マーケットシェアを考慮することで、ライバルとの競争を意識したものであるが、GE（ゼネラル・エレクトリック）のような、多角的に事業を展開する巨大企業の事業の取捨選択のための理論である。

そこには、いかに競争するかという発想はなく、成熟マーケットで、シェアの低い事業は、「**負け犬**」

として切り捨てるだけであった。

そのような負け犬でも生き残り、「いかに競合企業と戦い、優勢を確保するか」という、競争戦略論は、国内でも、海外でも、生まれていなかったはずである。

競争戦略論という分野が開拓されたのも、1980年代からである。

したがって、「競合企業と、いかにマーケット争奪戦を戦うか」を追求したランチェスター戦略は、世界的にみても、競争戦略論のフロンティアといえよう。

また、ランチェスター戦略は、マーケットシェア率の意義、マーケットシェア率目標値の設定、それに応じた戦略の開発などを含む、未だ類例のない試みの成果を含んだ戦略論である。

しかも、今日でも、ほとんどが、そのまま通用する内容、もしくは、有効なヒントを与えるものである。

2 元ソ連軍将校たちに説く

1995年、外務省ロシア知的支援プロジェクトの一環として、モスクワのプレハーノフ経済大学で、ロシア企業の経営幹部に、日本の経営について、1日7時間、5日間の集中講義をした。

「まず、何が知りたいか」をきくと、即座に、次の質問が出た。

「我々は、アメリカのマネジメント手法をうまく使えないでいるが、日本では、どうしてうまくいったのか」

当時のエリツィン大統領も、同様な疑問をもっているとのことだった。

以後のやりとりは、概略、つぎのとおり。

「日本のビジネスマンは、アメリカの経営論をよく読むが、中国の古典や日本の理論を学ぶのにも熱心だ。最もよく売れている経営誌のひとつ『プレジデント』は、軍事論をメインにしている。そして、経営を、金儲けではなく、企業の存亡を賭けた戦いと考える者が多い。彼らにとって、ビジネスは、儲けるために生きるのではなく、生きるために儲ける戦いである」

「脅威には、どんな脅威があるのか」

「主な脅威は、競合企業、不良社員、不良顧客、そして信用失墜。20年前には、戦闘的な労働組合。企業によっては、トップ自身が脅威の場合もある」

「我々の国の指導者は、本当にひどかった。我々はだまされた。ところで、我々は、マイケル・ポーターの競争戦略論を教えられたが、それもただの参考か」

「日本には、それより前に、ランチェスター戦略があった。ランチェスターというイギリス人の戦闘法則をもとに、田岡という日本人が開発した、メイド・イン・ジャパンの競争戦略論だ」

「ランチェスター法則は、私もソ連陸軍将校だったから知っている。だが、あれは、兵力の投入効果についての交戦理論だ。それを、どうして、ビジネスに使えるのか」

「軍事の平和利用だ。爆薬も、戦争に使うことも、建設に使うこともある」

そして、ランチェスター戦略の概略を、丸1日かけて説明した。

さすが、戦略、戦術の基礎をたたき込まれた元将校が多いだけに、理解は正確で、速かった。

終わった後の歓談で、「日本は、それを使って、アメリカ企業と戦ったのか。物まねと勤勉だけではなかったのか」ときく者がいた。

これに対し、「物まねと勤勉だけで勝てるはずがない。頭を使わずに、強い相手には勝てない。それを、日本人は、アメリカや皆さんの国との戦争のおかげで、痛感した」と答え、さらに、次のようにいった。

「皆さんの多くは、元将校のようだが、具体的で、実行可能な目標を決めなければ、戦略どころではないことは常識だろう。それを、今、あなた方は決めているのか。また、状況が困難であればあるほど、それをどう切り抜けるかという戦略が必要なはずだ」

その後、ふと思った。日本で、何と戦うかをはっきりさせているトップやミドルは、いかほどいるのだろうか……。

当時、日本では、独創的なアイデアと水平的なネットワークの構築によるイノベーション追求論が人気をはくし、株主を儲けさせることが第一だという、イギリスの社会学者ロナルド・ドーアがアングロサクソン特有の価値観と評した、株主利益尊重キャンペーンがはじまっていた。

3 目標値とその意義を示した類例のない戦略論

ランチェスター戦略は、いくつもの理論と戦略が組み合わされたものであるが、「市場占拠率の目標数値モデル」は、具体的な数値目標と、目標値の意味を明示したものである。

このような試みは、軍事分野では、2000年以上前の孫子の兵法をはじめ、いろいろとなされてきており、ランチェスター戦略モデル式はその卓越した成果である。

しかし、経営分野では、類例のない試みといえよう。

これにより、マーケットでの自社や商品の相対的な力の優劣を明確にし、その向上のための戦略を、中長期的なスパンで考えた上で、今なすべきことを決めることを可能とした。

それは、強者には強者、弱者には弱者なりの、自らの力をわきまえた戦略をたて、アイデアや精神力頼みの無謀な戦いに走ることを回避し、勝算なき戦いからの解放のための課題と方法を示す。

これにより、ランチェスター戦略は、企業の活動を健全なものにし、持続可能性を高めていくとの確たる信念を反映した競争戦略論となった。

また、それゆえに、利益ではなくマーケットシェアの拡大を追求したこととあいまって、営利を目的としない、学校、病院、ＮＰＯなど非営利組織、さらには自治体が、淘汰されず、持続可能性を高めるための戦略にも、用いることができるのである。

4 戦術の裏づけがある戦略論

戦略は、戦いの策略であり、目標を達成するためには、どこに、どういった戦力を投入するかをまとめたものである。

それは、現場が、与えられた任務を達成できる具体的な方法、すなわち戦術の裏付けを必要とする。たとえば、営業マンを、いくら投入しても、何を心がけ、いかに行動すればよいかというハウツーがなければ、成果はあがらず、努力は空回りする。

軍事研究の最高権威であったイギリスのリデルハートは、その代表作のひとつである『第一次大戦──その戦略』１９３６年で、「戦術的に不可能なるものは、戦略的に健全ではありえない」と論じた。

１９１４年の開戦直後6週間で、連合国側のフランス軍は、短期決戦を挑み、西部戦線で、同盟国側のドイツ軍の強固な陣地に突撃を繰り返した。

結果、１５０万の兵士のうち35万５０００人が死傷し、陣地突破に失敗した。

ゲームの理論の説明にさいし、西部戦線の戦闘を、両軍とも本気で戦わず、適当に砲撃をし、戦っているふりをしたかのように説く論者もいるが、両軍は、すさまじい死闘をくりかえしたのである。

１９１６年のソンムの戦いでは、その初日に、連合国側のイギリス軍兵士12万人のうち約半数が死傷し、崩壊寸前に追い込まれた。

戦略は、兵力の大量投入による短期決戦というまっとうなものだったが、鉄条網、機関銃、堅牢な構造物で構成された敵陣を打撃する戦術が伴っていなかったのである。

しかし、経営関係の戦略論は、「戦略が悪ければ、戦術がよくてもだめだ」とし、よい戦術があるような前提で戦略を論じ、戦術を考慮しない傾向にある。

これに対し、ランチェスター戦略は、戦術も多く示し、実行可能性が高い戦略論となったのである。

［5］戦いを支配する力の法則に着眼

戦いには、勝敗がある。

意思を実現することを勝つという。

敗れるとは、その反対である。

組織の将来にわたる持続を追求する戦いの場合は、持続可能性を高める課題を達成すれば勝ちであり、それに失敗すれば負けである。

そして、勝つためには、戦う力、すなわち戦力を強化し、それを効果的に活用しなければならない。

同じ意思をもつライバルが存在する場合は、その力と活用に優れた方が勝つ。

戦略は、力の強化策と活用策から構成される。

それは、「力＝質量×速度^2」といったような、力の法則をふまえたものでなければならない。

しかし、そのような戦略論や、それを開発するための力の法則の研究は、軍事分野に偏在している。それは、武力による威圧や殺傷破壊で、自らの意思を、敵に強制するために用いられる。

しかし、力の法則自体は、社会の様々な競争を支配している。

ランチェスター戦略は、このような認識により、ランチェスター法則とランチェスター戦略モデル式に示される力の法則をもとに、開発されたものである。

それは、軍事戦略の焼き直しではなく、力の法則をふまえ、田岡が独自に開発した、様々な組織の持続可能性を高めるのに貢献する、競争戦略論である。

そこには、軍事関係の用語、理論、規範、教訓などが含まれるが、それは、非軍事組織の戦いにも適用できるものに限られている。

本論も、同様の発想とスタンスで、ランチェスター戦略とは何かを論じる。

6 体系的で、合理的な戦略論

ランチェスター戦略は、企業競争の厳しさと恐ろしさを直視した理論である。

そのような状況で、強力な商品や傑出した社員をもたない企業が、持続可能性を高めるには、販売競争をいかに戦うべきかを論じたものである。

その内容は、分析的で、体系的で、合理的である。

「グー・パー・チョキ理論」など、理解しやすくするための表現が多用され、いろいろな販売テクニックが示されているため、ハウツー論の印象を与える。

しかし、その実態は、学問的にも高度な競争戦略論である。

ここでの学問的とは、「原因と結果、すなわち因果関係を論理的、かつ整合的に示している」ということである。

高度とは、難しいという意味ではなく、「現実に発生している現象の説明力が高く、それをふまえ、合理的な対策を立案している」という意味である。

これは、田岡が、アカデミズムの洗礼を受けた大学院出身者（1955年東京都立大学大学院修了）であり、以後、統計学を用いた市場調査に従事していたことの反映であろう。

7 学界ではノーマーク

ランチェスター戦略は、大変なベストセラーになり、多数の企業で用いられたにもかかわらず、学者の関心はきわめて低く、読んだ方はごくわずかであろう。

慶應義塾大学のマーケティング学者井関利明は、ランチェスター戦略を精査し、その意義を評価したが、学術書での引用は、早稲田大学の数学者佐藤總夫《ふさお》『自然の数理と社会の数理Ⅰ』『同Ⅱ』日本評論社、1984、1987年にとどまるのではなかろうか。

その最大の理由は、田岡自身、学界に関心を持たなかったからであろう。

今ひとつは、戦術も、詳しく論じ、また、内容を理解しやすくするため、くだけた用語を多用しているため、浅薄なハウツー論であるかのような印象を与えたからであろう。

なによりも、当時の学者は、コンサルタントの本を、俗論として、いかにベストセラーになろうとも、無視する傾向にあった。

私自身そうであり、読んだのは、軍事戦略論の勉強をした1980年代前半に、ランチェスター法則の妥当性も検証していた旧海軍士官学校卒の一等海佐、菊池宏防衛大学校教授より、その詳しい説明を受けたからである。

そして、田岡のランチェスター戦略に、「あの軍事理論を、競合先を爆破できっこない企業の戦略論に応用するなんて、おかしな話だ。どんなふうにごまかしているのかな」と、うがった興味を持ったからである。

だが、一読して、ランチェスター法則やランチェスター戦略モデル式を正確に理解、咀嚼した上で、販売戦略論に適用していることに驚いた。

8 軍事戦略論の焼き直しではない

学者に無視された、今ひとつの理由として、ランチェスター戦略と称したため、軍事戦略論を、販売戦略に、そのまま焼き直したと誤解されたことが考えられる。

「武器による破壊と意思の強制を追求する軍事戦略論」を、「商品の創造と受容をむねとする企業の競争戦略論」に適用するのは、こじつけのキワモノ論だとみなされたのではなかろうか。

たしかに、ランチェスター法則やランチェスター戦略モデル式は、純粋の軍事理論である。

それは侵略であれ、防衛であれ、武力による殺傷破壊で、「領土をよこせ」とか「領土から出ていけ」と、敵に自らの意思を強制する軍隊のための理論である。

社会や人々の役に立ち、喜ばれる商品の創造と、その効用を訴求し、より多くの顧客に商品を受容してもらうためのビジネスの競争理論の対極に位置するものである。

「敵と顧客」、**「破壊と創造」**、**「強制と受容」**は、正反対のコンセプトである。

また、代替可能な商品の開発、改善や、販売をなす競合企業は、敵であるが、それを武力で破壊することはできない。

軍隊が直接の対象とするのは敵であり、敵の打撃に力を集中するが、企業が直接の対象とするのは顧客である。

競合企業が倒産しても、顧客が商品を受容しなければ、おしまいである。

しかし、ランチェスター法則とランチェスター戦略モデル式は、軍事戦略ではなく、それを策定するために用いる力の法則を数式化した純理論である。

これらを、戦略と表現する論者もいるが、それは間違いである。

そして、田岡は、物理の力学法則を、破壊にも建設にも、目的に応じて使い分けるのと同様のスタンスで、戦闘を支配する力の法則に関する理論を、企業の競争戦略論に用いたのである。

しかも、用いたのは、マーケットシェア目標値の設定と、強弱に応じた戦略方針の決定までであり、その先の具体的な戦略と戦術は、田岡が、独自に考案したものである。

9 戦いの9原則

軍事関係の考えや理論の、軍事以外への適用可能性に疑問をもつ方のために、アメリカ陸軍が、戦闘指揮官向けに、1921年に制定し、今日に至るまで、そのまま用いられている、バリバリの戦闘原則を、参考までに、次に示そう。

アメリカ陸軍の「戦いの9原則」

❶目　標：あらゆる行動を、明確で決定的な目標（オブジェクト）に指向せよ。
❷集　中：緊要な時期と場所に戦闘力を集中せよ。
❸攻　勢：主導性（イニシャチブ）を維持し、保持し、さらにこれを拡大せよ。
❹機　動：戦闘力の柔軟な運用により、敵を窮地に陥れよ。
❺奇　襲：敵を、その準備していない時期、場所及び方法で打撃せよ。
❻指揮の統一：責任ある単一指揮官の下に努力を統一せよ。
❼簡　明：完全に理解できる、明瞭で簡潔な計画と命令を準備せよ。
❽節　用：非重点正面には、必要最低限の戦闘力を割当てよ。
❾警　戒：決して敵に予期せぬ利益を与えてはならない。

［出所］アメリカ陸軍『ＦＭ３－０：作戦（オペレーションズ）』２００８年

これらの原則は、あらゆる組織のトップやミドルが、トラブル発生時はもとより、様々な決定にさいして、常に心がけるべき原則である。

また、様々な経営論やリーダーシップ論があるが、このように、簡潔明瞭に、重要なポイントをおさえた原則を他に知らない。

他の事項を追加する余地はあろうが、これだけを、本当に実行できれば、素晴らしい成果をあげることができよう。

10 任務指揮

ＮＰＯのなかには、戦いの９原則の６番目の「**指揮の統一**」を嫌い、メンバーの自主性ないし合意による決定をむねとする組織が多く、ＮＰＯ法も、そのような理念を反映しているように感じる。それは、ひとつの見識であり、立派な理念だと思うが、激しく変化する状況に対応するには、指揮の統一が欠かせないはずである。

なお、ここでの指揮は、既述の「ＷＨＹ＆ＷＨＡＴ優先発想」による指揮であり、次に記す「**任務指揮**」であり、「**詳細指揮**」のことではない

任務指揮（ミッション・コマンド）：**任務を与えるが、それを達成する行動や手段方法の決定は部下にまかせる。**

詳細指揮（ディテイル・コマンド）：**任務を達成するための行動や手段方法を細々と指示する。**

また、『ＦＭ６－０』には、次の「**指揮の原則**」が記されているが、これも、どの組織のミドルやトップもが実行すべき原則であろう。

❶**努力を確実に統一せよ。**
❷**分権的実施**（任務を実行する手段方法を任せること）**を実行せよ。**
❸**部下との信頼を深めよ。**

❹部下との相互理解を深めよ。

❺タイムリーに、かつ効果的に、決定し、行動せよ。

ここでの「**分権的実施**」とは、「**権限の委譲**」のことであるが、それは、部下に、任務を遂行するための手段方法を決める権限を与えることであり、任務自体を決める権限を与えるものではない。任務まで部下任せにするのは、放任であり、無責任であり、何よりも、各員の役割分担があいまいになり、チームワークがとれず、混乱が生じ、関係先に迷惑をかけ、組織への信頼を失っていく。

また、部下との信頼を深めるには、人並み外れた創造力、感性、才能はいらないが、陸上自衛隊が規定する、次の指揮官のタブーを犯さないことが、どの組織でも求められるはずである。

遅疑逡巡　責任転嫁　優柔不断　威圧統御《いあっとうぎょ》　頑迷固陋《がんめいころう》　先入観念　打算主義

これは、言うのは簡単で、行うのは難しいことであり、自身、たびたび犯すタブーであるが、くれぐれも留意されたい。

3章 創造的破壊論の嵐

1 ランチェスター戦略への逆風

田岡は、1984年に、それまでの集大成ともいえる『総合ランチェスター戦略』を書き上げた後、急性リンパ性白血病で急逝した。

その少し前から、「これまでの常識や経験を捨て、革新的な技術、商品、ビジネスを創造しなければ、恐竜のごとく滅びるのみ」といった趣旨のキャンペーンが、20世紀前半の偉大な経済学者シュンペーターの創造的破壊論の権威をかざして、盛んとなった。

そして、ユニークなアイデアとチャレンジ精神があれば成功するかのような経営論があふれかえり、ヒット商品や急成長企業は、それを証明する存在とされた。

そのカゲに、いかほどの難問奇問との戦いや、試行錯誤があったかを披瀝《ひれき》する企業がないおかげで、また、企業イメージ向上に役立つため、証明のために引用された企業から異論がでることはなかった。

多くの常識と経験則をふまえたランチェスター戦略に、存亡の危機到来である。

2 パラダイムの創造は可能か

破壊は創造の結果であり、破壊が創造を生むのではない。

シュンペーターはオーストリアの大蔵大臣の後、ハーバード大学の教授になり、経済学者として大きな業績をあげた、論理的で、現実を直視する理論家である。

破壊が創造を生むと考え、実行したヒトラーや毛沢東とは大違いであるが、それは無視され、「**パラダイム**」というコンセプトがアピールされた。

「これからは過去と断絶した変化の時代であり、過去の延長である現在の発想や方法の改善、改良では、変化に対応できず、滅び去る。ただちに、現状を否定し、新たなパラダイムを創造することのみが、企業存続の唯一の策である」

『パラダイム』とは、アメリカの科学史学者トーマス・クーンが、『科学革命の構造』１９６２年で発表したコンセプトである。

それは、「特定のものの見方であり、見たものから問題をみつけ、解く方法である。その中で、問題が定義され、解く方法が規定され、解かれるものである」。

クーンは、アリストテレス力学とニュートン力学は、運動を全く異なった観点、方法でとらえており、両者を比較する基準がないことを指摘した。

そこで、ニュートン力学はアリストテレス力学が進歩したものではなく、全く新しい理論体系とみなすしかなく、そのような比較不能の独立した理論体系をパラダイムと名づけたのである。

それでは、ニュートン並みの創造力をいかにして生むのか。

3 プロセス型戦略が創造をもたらすか

ニュートンは、リンゴが木から落ちるのを見て万有引力を思いついたのではなく、物が落ちるのと、太陽系の惑星の運行が、同じ力によることを発見し、万有引力と呼んだのである。

それは、大変な才能と努力の産物であるが、80年代の創造的破壊論者いわく。

「すべての社員が危機感をもち、現状を否定し、組織をいつもグラグラゆらし、でてくるアイデアをどんどん実行せよ。様々なタイプの人間を集めて刺激させあい、その潜在的な知識や能力を顕在化させよ。これで、時代の変化に適応し、自らが自らを革新していく自己革新組織をつくりだせ」

そして、「あれこれ分析するより、とにかく行動。試行錯誤の中から創造は生まれる」とし、それを**「プロセス型戦略」**と呼んだ。

以上は、彼らのアピールを私なりに理解し、まとめたものであるが、こんなことで、新しいパラダイムが生まれ、イノベーションが発生し、在来ビジネスにかわって、企業を支えていけるだけの利益をあげる商品やビジネスモデルが生まれるのであろうか。

それで、これまでの商品と比較不能の画期的な商品が生まれ、よく売れ、おまけに自己革新組織まで生まれるなら、企業経営は気楽なものである。

いい加減で、管理責任を放棄する人間ほど、経営者として、成功する。

しかし、どう考えても、在来ビジネスはおろそかにされて売上が急減し、各人の思いつきの行動で企業の機能はマヒし、また、莫大な資金が流出し、どんな優良企業も、たちまち破滅するはずである。

卓越した知識、情報、知能、情熱を有する、第一級の専門家が集まった場合なら、なんとかなるかもしれないが、そのような創造的破壊論を本気で実行し、革新的な商品やビジネスモデルの開発に成功した企業が存在するのであろうか。

その成功事例とされる企業が、本当に、そんな無茶なことをしたのであろうか。

4 アマチュアの論理の横行

これまでの常識や理論、方法の否定の奨励は、特定の分野の専門知識をもち、経験豊富な専門家、いわゆるプロと呼ばれる人々を、変化に対応する創造的活動を妨げる犯罪者のようにみなすことになる。中国の文化大革命でも、紅衛兵なる無知な少年たちに、多数のプロが殺傷、拘禁され、また、僻地へ追放され、矯正労働をさせられた。

日本では、そこまではいかなかったが、アマチュアの論理が横行しはじめた。

アマチュア=問題の難しさや危険を知らないか、過小評価する。

↓

アマチュアの論理

❶理想論を規範論にする。

❷当事者の能力や努力を知らず、無能・無責任・怠惰と批判する。

❸プロは、ミスをせず、また、変化や危険を予知できる存在と決めつけ、それに反する事故が発生すれば、プロ失格と批判し、時には、犯罪者にする。

❹難しいこと、危険なことを簡単に考え、「やれ」と言う=「素人の暴論」。

❺成功や失敗の理由を、1~2の要素に求め、短絡的に理解し、論じる。
特に、「アイデア」、「意識」、「体質」、「制度」、「組織構造」などに求める。
←
❻現在の制度のデメリットのみをあげつらう。
❼新たな制度のメリットのみをアピールして提唱する。
❽新たな制度のデメリット、副作用を考えない(知らない?)。
←
❾新たな制度が諸問題を一気に解決すると考え、改革や革命を連呼する。
❿できない理由を、改革する創造力や意欲の不足に求める。
⓫トレードオフがある課題を、同時にやれという(たとえば、迅速と的確)。

ようは、オルテガが『大衆の反乱』で論じたような、現在の社会は、様々な偉大な発明と努力に支えられていることを知らず、また、パンが値上がりしたのは、小麦が値上がりしたためなのに、パン屋を襲うような人々が、続出し、プロを糾弾するのである。

ただし、なんらかの分野でのプロも、他の分野ではアマチュアである。

実際に、社会で活動する人々の多くは、自らが携わっている仕事で成果をあげることの難しさや危険を知っているプロである。

そこで、自分の仕事では、アマチュアの論理に影響されないが、他分野のことについては、アマチュアの論理によるキャンペーンにのってしまいがちとなる。

5 アイデアの常識も否定される

田岡は、アイデアに関しては、次の常識を元に、新商品の開発や、販売に当たって心がけなければならないことと、商品サイクルごとの戦略を論じている。

アイデア関係の常識

❶アイデアを形にするには様々な障害を乗り越えなければならない。
❷簡単に実現できるアイデアは、簡単に真似される。
❸新商品は、独創的であればあるほど、売るのが難しい。
❹新商品がヒットすれば、類似商品が続々と出現し、競争がはじまる。
❺新しいアイデアや技術、ノウハウで、まねられないものはめったにない。
❻特許申請は、技術やノウハウを詳細にさらすため、裏目に出ることが多い。

それらの常識は、本当に、通用しなくなったのであろうか……といったような検証はなされず、新しいアイデアを思いつき、新しい商品やビジネスモデルを開発すれば大成功するかのような、経営論があふれかえったのである。

6 ニュービジネス論ブームの勃発

1990年代の後半から、ITの急速な発展とインターネットの普及を背景に、それらを活用した独創的なビジネスモデルを開発し、一気に展開することが大きな成功をもたらすとの、「**ニュービジネス論**」が盛んとなった。

在来のビジネスは、時代の変化についていけない「オールドビジネス」とされ、ランチェスター戦略のような、経験則をふまえ、商品力で大きな差をつけることができない競争をいかに戦うべきかといった戦略論は、真っ向から、時代に合わないものと否定された。

ランチェスター戦略には、時代の寵児となったベンチャー・ビジネスのような企業が、最初の成功の後に、すさまじい競争の脅威にさらされ、それに、いかに対応すべきかを示す戦略も含まれていた。

しかし、ベンチャーキャピタルが多額の投資をすれば、一気にマーケットを支配できるという先行逃切論が、圧倒的優勢を占めた。

ビジネスの世界だけではなく、アメリカ国防省までが、ITブームに触発され、「**軍事革命**（**RMA：レボリューション・イン・ミリタリー・アフェア**）」を標榜し、「**NCW**（**ネット・セントリック・ウォーフェア：ネット中心の戦い**）**システム**」の開発にチャレンジした。

それは、全地球的グリッドシステムを構築した上で（現在、構築済み）、世界中に展開する、陸海空の全ての部隊が、必要な時に、必要な情報を入手し、状況を正しく判断し、最適の決定をくだすことができるようにするというものであった。

ちなみに、元防衛大学校教授徳田八郎衛は、「ネットワーク基盤型防衛の様相」2003年12月で

「ネットワーク化による情報の共有で対空や対潜水艦の武器システムの破壊効率が高まるのはメリットであるが、もっとも重要なのは指揮統制の強化による戦力増大と効率化である」と論じている。

7 株価引き上げは手段にすぎない

経営戦略の目的を「株式の時価発行総額（株価×発行株式数）を高めること」とする考えが吹聴され、広まった。

それは、投資家にとっては好都合の考えであり、なによりも、株主が企業の所有者であり、株主にできるだけ多くの利益をもたらすことは、企業の責任である。

また、株価の高低は、企業の信用力、ひいては資金調達力を左右する。

しかし、企業の持続可能性の向上を目的とするなら、時価発行総額の向上は、それを達成するための手段にすぎない。

株価引き上げ自体を目的とすれば、企業の持続可能性を低下させる目先の利益の追求策をとってしまう危険をもたらすこともある。

企業の業績動向、状況変化、そして戦略について、多くの投資家が「よい結果をもたらす」と思えば株価は上がる。

「よくない結果をもたらす」と思えば株価は下がる。

しかし、そのような多数決で、よい結果が得られるか否かは決まらない。

しかも、株価は、限られた情報と風評、それに、投資家の各人各様の思惑や価値観により大きく変動する。

そういったものの上昇を経営戦略の目的とするのは、経営者の主体的な判断力を低下させ、大きな損失をもたらす危険を高める。

90年代後半から、インターネットビジネスへの参入を試みれば株価が上がり、それをやらない企業は株価が下がるという現象が発生したが、参入した企業の多くは、その失敗で、損失をこうむった。

8 アメリカ軍は、常識的な戦略をとった

驚いたのは、「太平洋戦争でのアメリカ軍は、過去にこだわらず、創造的な戦略・戦術を開発したが、日本軍は、過去にこだわって敗れた」といった趣旨の論がアピールされ、広まったことである。

日本軍は、過去の軍事常識に反して、強大な敵に正面攻撃をかけたのである。

アメリカ軍は、過去の軍事常識、それも、2000年以上前の孫子の兵法そのままに、情報を熱心に収集、分析し、日本軍の数倍の火力と兵力を投入した。

田岡も、その事実をクールに指摘して、ランチェスター戦略を論じた。

それらの戦略を、革新的とするのであれば、勝った側の戦略や、新しい商品や技術の開発は、すべて革新とされてしまう。

それなら、日本も革新の山である。

ちなみに、歴史家マレイとミレーは、『戦間期の軍事革新』1997年で、第二次大戦で登場した機甲戦、水陸両用戦、空母、近接航空支援、戦略爆撃、レーダーなどのうち、本当の**「革新（イノベーション）」**は、レーダーだけで、その他は第一次世界大戦時に芽生えた発想、技術の連続的な**「改良・進化（エボリューション）」**であると指摘している。

［cf］徳田八郎衛「技術と戦術・戦略」陸上自衛隊幹部学校技術高級課程教育資料、1998年

9 経験を重視し、経験不足を危険視する

アメリカ陸軍の指揮官マニュアルは、今日でも、プロシアの将軍クラウゼヴィッツの『戦争論』1832年、さらには孫子などの古い理論を盛んに用いている。

戦いの9原則も第一次世界大戦の直後に、イギリス陸軍フラー少将の8原則に節用の原則を追加してまとめたものだが、第二次大戦でも使い、今も使っている。

また、今日の指揮官マニュアルでも、最も重要な要素として経験をあげ、経験の効用を、次のとおり論じている。

経験の効用

❶現実的な行動方針を見つけ、非現実的な行動を捨てる判断ができる。
❷計算されたリスクと、破滅につながるギャンブルを識別できる。
❸任務を追求する不屈の決意（リザルブ）と、実りのない行動方針を追求する頑迷さ（オブステナシー）を識別できる。
❹困難（ハードシップ）と挫折（セットバック）を識別できる。

［出所］アメリカ陸軍『FM6―0：任務指揮（ミッション・コマンド）』2003年

裏を返せば、経験不足は、非現実的で、無謀で、頑迷な行動をとり、失敗を認めずに、チャレンジし

続ける危険を生むということである。

これらの経験の効用と、経験不足の脅威は、ビジネスの世界でも同じだったはずであるが、これも通用しなくなったのであろうか。

最近では、アメリカにおける大統領選でも、大統領候補者の経験の優劣が争点になったが、これは、論点を間違えているのだろうか。

あらゆる常識、考え、方法を疑ってかかるにはよいが、全否定すれば、破壊的破壊しか生まないであろう。

経験には、確かに、斬新な発想や、積極的な行動を抑制する効果があることも事実であろう。長所は欠点の裏返しと言われるとおり、多くの要素には、プラスとマイナスの効果があり、様々な制度にも、功罪両面がある。

大事なことは、その一面のみを見ず、両面をみて、また、目的に照らして、是々非々で評価し、功罪得失を考慮することである。

今日に至るも、軍事だけでなく、ビジネスの世界でも参考にされている**孫子の兵法**は、無線も電話も鉄砲もなく、移動は徒歩か馬、牛という二千数百年前にまとめられたものである。

その時代と今日の間に生じた変化は、とてつもないものであるが、それでも通用している。

4章 常識の勝利

1 常識の勝利

2000年代に入ったが……。

徳田八郎衛「NCWの戦いとは何だろうか?」2004年12月によると、アメリカ国防省は、NCWシステムの開発に、10兆円をかけて2度失敗し、今、10年で20兆円をかける予定で、3度目に挑戦中だが、実現を疑問視する専門家が多いとのことである。

また、次の問題を指摘している。

アフガニスタンやイラクで米軍がNCWと精密攻撃を駆使してRMA（情報技術活用の軍事革命）を達成したと喧伝されているが、あくまでも限定された戦力を結ぶNCWであった。そうでなければパトリオットが海軍機や英軍機を誤射するはずが無い。統合や連合のNCWは、これからの大きな課題である。

ビジネスの世界でも、規模こそはるかに小さいが、敵に相当する競合企業が多数にのぼり、一般消費者という、そのニーズの予想がきわめて困難な対象を多数有する企業に対し、NCW同様のコンセプトのシステム提案を見受けるが、本当にできるのだろうか。

ベンチャー・ビジネスで、生き残った企業は、ごくごくわずかである。

それらに投資したベンチャーファンドは、大きな損失をこうむった。

経済学の第一人者で、90年代のクリントン政権の大統領経済諮問委員会委員長で、ノーベル経済学賞も受賞したスティグリッツは、『人間が幸福になる経済とは何か（原題：ローリング・ナインティーズ）』2003年で、金融マーケットは、目先の思惑で動き、企業の将来性を正しく評価する能力はないと断じた。

オールドビジネスも、大企業を含め、次々とつぶれていったが、どんなに少なく見積もっても、その過半は生き残った。

つぶれたところの多くは、常識にこだわったためではなく、非常識なことをしてつぶれていった。

トヨタ、キヤノン、セブン&アイ・ホールディングスをはじめ、さらなる発展を遂げた企業が、組織をがたがたゆさぶって、イノベーションに値する商品を創造したとは思えない。

2 ウォーバーグ・ピンカスの見識

ウォーバーグ・ピンカス（本社ニューヨーク）という投資企業がある。

2005年時点で、同社は、ベンチャーキャピタルとしてはトップクラスの2兆5000億円の資金量をもち、創業前か、創業数年程度の企業を主な対象に、7〜10年の長期的視点で投資をしている。

投資件数は、全世界で年間20件前後であり、平均して1件当たり100億円前後の投資をし、最低投資額は10億円である。これは、大きな危険を伴う。

しかし、過去10年間の年平均投資収益率は26％に達する（2005年度）。日本のベンチャーキャピタルの投資収益率が年間3～5％程度であることからして、いかに高い収益率かが分かるであろう。

その高収益の理由として、次の9つの投資原則の厳守をあげることができる。

ウォーバーグ・ピンカスの投資9原則

❶徹底的な調査：同社パートナー（同社の損益を分かち合う幹部）が見込みありと判断した事業を、同社と有力コンサルタント企業が徹底的に調査する（調査の結果、投資が実行されるのは200～300件に1件）。

❷人物を重視：大きな将来性があると判断された事業でも、経営者の人格や資質に問題があると判断すれば投資をしない。特に、目先の利益を追求し、コンプライアンスやCSR（企業の社会的責任）を軽視する経営者の企業には投資しない。

❸大きな資金的余裕の付与：多額の投資により、経営者が資金繰りに悩むことなく、事業活動に専念でき、また、少々の失敗をし、損失を出しても致命傷にならないバッファーを提供し、成功の確率を高める。

❹経営権の確保：全株式の過半数を上回る株式を取得して経営権を確保する。

❺企業連携の支援：同社の投資先などとの連携により、効果的に業績をあげることができるよう支援する。

❻役員に就任：投資を決定した企業に、投資を提案した同社のパートナーが、無給で取締役としてコミットして経営者の意思決定や問題解決をサポートする。また、重大な問題の前兆を見落とさぬよう心がける。
❼果敢な見切り：外的環境の大きな変化などで将来的な事業収益の見込みが大きく低下した場合は、これまでの投資がいかほどであれ、株式を経営者に1株1円程度と、実質的にタダ同然で譲渡し撤退する。
❽投資先の分散：多くの国、業種・業態の企業に投資し、投資リスクを分散する。
❾教訓の蓄積：これまでに多数の成功と失敗を経験し、特に失敗の教訓の蓄積により、投資の失敗の確率と損失を減らすノウハウを磨いている。

以上の原則は、同社の公表資料と、出資折衝のさいの経験をもとにまとめた。

ウォーバーグ・ピンカスは、投資先の経営に当たって、「計画どおりに経営がなされることはありえない」との認識のもと、豊富な資金を提供して、想定外の出費の必要や、一度や二度の失敗で事業がとん挫しないようにするのである。

そして、それでも見込みがないと判断すれば、出資先の企業を見切り、損を確定して撤退するのである。

ちなみに、同社は、アメリカでの１９９０年代後半のＩＴバブルのさい、ＩＴ関連のベンチャー企業への投資を一切しなかった。

（本節は、拙著『見切る！――強いリーダーの決断力』祥伝社、２００６年より再録）

3 レボリューションよりエボリューション

ニュービジネスであれ、オールドビジネスであれ、生き残り、活発な活動を展開している企業は、在来の常識や技術、手法を是々非々で評価、改廃し、「レボリューション（革命）」や「イノベーション（革新）」より、エボリューション（進化）を追求してきた企業ばかりだと思う。

それは、商品力で圧倒的な差をつけることが困難な企業が、いかに競争に立ち向かうべきかを、競争の実相を直視し、戦いを支配する力の法則をふまえて、論理的に示したランチェスター戦略の有効性を証明する現象である。

ランチェスター戦略を知らずとも、それらの企業は、期せずして、同様の戦略をとっており、少なくとも、それを貫くランチェスター思考に反する戦略をとっていないはずである。

ランチェスター思考に反する戦略とは、次のようなものである。

❶ビジネスの難しさや危険を、わきまえていない戦略。
❷希望的観測にもとづく戦略。
❸「なせばなる」と、精神力に大きく依存した戦略。
❹ライバルの出現可能性や、それによる競争の厳しさを過小評価した戦略。
❺各人各様にチャレンジし、組織をがたがたゆらすプロセス型戦略。

ようは、現実を直視せず、自らの力と経験則をわきまえない、非現実で非論理的な戦略であり、独善を独創、無謀を勇気、幸運を実力と勘違いした戦略である。

１９８０年代に台頭した創造的破壊論は、戦略以前の究極兵器待望論であり、無為無策の裏返しとしか、考えられない。

ただし、レボリューションとかイノベーションといいながら、実際には、エボリューションを追求し、成果をあげている企業は、用語の使い方の問題であり、しっかりとした戦略をもっているはずである。

4 ランチェスター戦略の復権

ビジョンとアイデアのよさを売りにしたビジネスや商品が、時代の旗手、チャレンジャーとして、もてはやされた。

しかし、そのほとんどが、数年で、花火のように消え去った。

２０００年代に入っても、新しい商品やビジネスがヒットすれば、たちまち後発参入が相次ぎ、激しい競争が繰りひろげられる現実は、なにも変わらなかった。

大きな成功もあったが、それは、アイデアがよいだけでなく、アイデアを形にするための、大変な努力と試行錯誤の産物であった。

今日まで生き残り、発展した企業の多くは、在来の商品、技術、方法の改良によるエボリューションと、販売競争を組織的に戦う意思と能力に優れていた。

また、様々な非営利組織が、競争にさらされるようになった。

幸い、１９９０年代はじめ、状況を憂慮し、ランチェスター戦略の有効性を実感してきた、研究者や実務家を中心に、ランチェスター協会が結成され、研究会やセミナーを実施するなど、地道な努力が続けられていた。

それが活況を呈するようになり、井関利明慶應義塾大学名誉教授（マーケティング論）の提唱によりランチェスター戦略学会（会長上原征彦明治大学大学院教授）が発足し、本論出版の機会があたえられた。

ランチェスター戦略は、20年の逆風に耐え、復権してきたのである。

「今こそ、ランチェスター」との声もでてきた。

本論執筆前に、Ｙａｈｏｏ！でインターネット検索をすると、ランチェスター法則で30万８０００件、ランチェスター戦略で54万６０００件となった。

5 時代は、はるかに厳しくなった

ランチェスター戦略が、改めて、注目されはじめるようになったのはよいが、企業をめぐる状況は、１９７０～８０年代と比較にならぬほど厳しくなった。

企業が保有する土地や株式の価値も、バブル景気以降大きく下落し、それらの上昇に頼った含み資産経営は不可能になり、損失を出せば、たちまち存亡の危機に瀕する企業が急増した。

国家・地方財政の大幅悪化による公共投資の縮小、資源供給の不安定化、世界的な信用秩序の混乱など、それに追い打ちをかける事態が、次々と出現している。

商品寿命は極端に短くなり、売上が急伸するや急落する事例も増えた。

携帯電話が、レジャー支出、さらには駅の新聞雑誌の売上を急落させるなど、業界外に、対抗できない強力な競合商品が出現することも、珍しくない。

生足ブームにより、女性用ストッキングの売上数量が半減するなど、これまで安定的に売れていた商品の需要が、急落することもある。

インターネットの発達により、消費者と企業の情報ギャップが大きく縮小し、企業が専門知識でイニシャチブをとることは困難になった。

それと宅配便の結合は、在来の流通業者に、深刻な脅威を与えている。

その他、数々の、新たな脅威が出現するようになった。

6 最も厳しい状況を戦うための戦略論

ランチェスター戦略が登場した時代は、低成長経済に転換したとはいえ、商品需要に大きく影響する人口は、絶対数で大きく増えていた。

1910年代、4000万人台であった日本の人口は、10年で1000万人のペースで増加し、1990年代には1億2000万人台になった。

しかし、そこで伸び悩み、2010年代に減少に転じ、2030年代からは、10年で700万人以上のペースで減少していく。

しかも、所得水準の低迷、土地や株式など個人資産価値の急落、将来不安などで、個人、家計の消費もシュリンクしていく。

低開発国のなかから、成長著しい国が、次々と出現しているが、まだまだ不安定であり、カントリーリスクは高く、世界的な金融危機によりデフォルト・リスクも高まった。

ここに、「継続的に業界全体の売上規模が減少していく」と定義される「衰退業界」の競争戦略が重要となる。

その戦略として、バーニー『企業戦略論』２００２年であげられているのが、本書「はじめに」で示した、マーケットシェアの拡大による「**市場リーダーシップ戦略**」と、マーケットをセグメントして、そこでのシェアトップを目指す「**ニッチ戦略**」である。

他に、撤退を前提として、徹底的なリストラで、可能な限りの利益をあげるという「収穫戦略」と、衰退がはじまるや撤退する「撤退戦略」があるが、これは、持続可能性を高める戦略ではない。

ランチェスター戦略は、この市場リーダーシップ戦略とニッチ戦略から構成される戦略論である。

ここに、その先見性と、マーケット規模がわずかながらも増大していた１９７０～８０年代より、今日においてこそ必要な戦略であることが、はっきりとする。

「いまこそランチェスター」と言われるのは、今日の競争戦略論からしても、正しい判断であり、評価である。

ランチェスター戦略の本質は、「**衰退期に生き残る市場リーダーシップ戦略とニッチ戦略**」であり、30年前よりも、現在の状況に対応するのに、より有効な戦略だったのである。

また、最も困難な衰退期に生き残る戦略は、他の時期にも通用する戦略である。

7 新たな課題

今後、なんらかの理由で、事態が大きく好転する可能性もあろうが、戦略の基本は、最悪を想定することである。

ビジョンで夢と希望を語り、組織の目的と、それを達成するための方向性や行動理念を明確にすることは大事だが、希望的観測はタブーである。

戦車の名前にもなったアメリカ陸軍の第二次世界大戦時の勇将ジョージ・パットンは、次のように言ったが、これも、どの組織にも通用する事実であろう。

成功する将軍は、状況に合った計画を作成する。決して、計画に合わせて、状況を作為しない（でっちあげない）。

今、ランチェスター戦略を学び、生かしてきた研究者や実務家がなすべきは、厳しい現実を直視し、ランチェスター戦略を、より強力で多機能なものにバージョンアップし、田岡が想定したよりも、はるかに厳しい状況で、組織の持続可能性を高めるのに貢献することである。

それには、定石通り、次の３つの課題に取り組まなければならない。

❶エンリッチメント（充実）：今日の状況下における、ランチェスター戦略の意義、有効性、問題点、限界を検証し、その説明力と有効性を高める。

❷エンパワーメント（強化）：他の戦略論、経営管理論、組織論、リーダーシップ論、数学、など、様々な学問領域の成果の導入により、説明力と有効性を向上させる。

❸エンラージメント（拡張）：企業にとどまらず、学校、病院、ＮＰＯなどの非営利組織、さらには自治体など、様々な組織に対応した各論を開発する。

これは、的外れな戦略や、効果的な戦術の裏づけがない戦略のしわ寄せで、肉体的、精神的に過大な負担を受け、勝算なき戦いを強いられ、心身を害する人、過労死や自殺に至る人の増加を食い止め、減らしていくためにも必要である。

5章 戦いと戦略

1 低成長時代への転換期に登場

1971年のドルショック（ドルと金の交換停止と、これによる急激な円高）と、1973年のオイルショック（OPECによる原油価格の大幅引き上げ。1974年には倍になった）を機に、高度成長から低成長へ転換したことにより、企業の販売競争は、一気に激しさを増した。

それまでは、顧客のニーズをよく聞き、また、潜在的なニーズを掘り起こし、それに適合した商品を開発し、その販売にがんばれば、それなりに売れ、利益をあげる確率が高かった。

その確率が、大きく低下したのである。

しかも、よく売れるようになれば、これまでよりはるかに短期間に、より多くの後発参入が続出し、激しい競争が勃発する時代となった。

「競争が激しい今日、潜在ニーズをつかみ、新しい商品を開発することが大事だ」といった趣旨の論説をよく見るが、それは1960年代的発想である。

その時代が終わった時代の転換期に登場したのが、田岡の『ランチェスター戦略入門』であった。

2 戦略は「戦いのはかりごと」

成熟したマーケットの争奪戦を、いかに、戦うべきか。

これに対する田岡の回答は、一言でいえば、「特効薬はない」である。

やるべきことは、次の2つ。

❶商品の改良、改善に励み、すこしでも魅力的な商品を開発し、商品力では、ライバルに負けないよう努力すること。

❷より効果的な販売戦略を、より強力に展開すること。

そして、効果的な販売戦略を、いかにたて、実行していくかを、ランチェスター戦略として論じたのである。

そのさい、戦略のコンセプトにこだわり、次のように論じた。

戦略とは、戦いのはかりごとであり、戦いの勝ち方のノウハウ、もっと端的にいえば、勝ち方そのものが戦略である。

3 ベサンコによる戦略の定義の紹介

競争戦略論の代表的な教科書のひとつ『戦略の経済学』2000年で、ノースウェスタン大学のベサンコたちは、チャンドラー、アンドリューズ、伊丹敬之の戦略の定義を紹介し、次のように論じた。

これらの定義には多くの共通点がみられる。『長期目標』や『主要な方針』などの語句は、戦略は、組織が直面する『重大な』意思決定に密接に関与し、その意思決定は、組織の成否を最終的に決めることを示唆している。

『一連の目標』や『企業の経済活動の枠組み』といった概念が強調されているのは、戦略が一貫した行動として表現されており、したがってひとたび決定された戦略は簡単に破棄できないことを示している。

戦略は、企業がどの事業に参画しているか、またはするべきか……を定義する』という表現は、戦略的意思決定が、企業の競争ペルソナ、すなわち競争環境のなかで、どのように成功しようとするのかに関する集団としての理解を形成していることを表している。

そこには、「戦い」とか「はかりごと」を意味する言葉はない。

また、長期というが、当面の危機をいかに打開するかとか、思わぬ大きなチャンスをいかにものにするかは、戦略ではないのか。

簡単に破棄できなければ、状況の変化に、短期的に対応できないのではないか。予想もできなかった大きな変化、深刻な状況が発生する状況では、対応が後手に回る危険な発想となるのではないか。

それとも、そういったことは、戦略に含まれず、別に、何かがあるのだろうか。

4 戦略は軍事用語である

経営関係の戦略を論じる学者の戦略の定義からすると、戦略を「戦いのはかりごと」とする田岡の定義は、品のないキワモノとみなされよう。

おまけに、田岡は、次のように論じている。

戦略が、ある程度、謀略とか策略、計略といった要素と重なって見えるのは、それが決して、美しいものではないという意味合いをイメージとしてもっているからである。実際、敵の裏をかく、意表をつくといったことは、当然戦略には含まれるわけで、その限りにおいて戦略は、決して人格とイコールではない。

これは、次のように、軍事の考えを用いたからである。

戦略を英語でStrategyという。これは、もともとステラテゴラスというギリシャ語から生まれたことばだが、ステラテゴラスとは、古代ギリシャ時代の軍司令官のことを意味していた。つまり戦略とは、

もともと軍事用語であって、経済用語でも経営用語でもない。

そして、戦略という言葉が、安易に用いられている風潮を、批判した。

戦略とは、もともと軍事用語であって、経済用語でも経営用語でもない。現在、「経営戦略」とか「販売戦略」というように、戦略ということばがさながら日常語のように使用されているが、はたして敵との戦いのなかでの勝ち方のノウハウとして、この戦略ということばをとらえている企業がどれだけあるか、はなはだしく疑問である。

5 戦いとは何か

田岡と既掲の学者の戦略の定義の違いは、企業競争を、軍隊の戦闘のように、「存亡をかけたもの」ととらえるか、「コストとリスクをできるだけ小さくし、きちんと利益をあげるための、知的な、意思決定ゲーム」ととらえるかの違いを反映したものではなかろうか。

これは、経営戦略論の始祖とされ、「組織は戦略に従う」という言葉で有名なチャンドラーが、『経営戦略と組織』１９６２年で、戦略を、次のとおり、定義したからであろう。

企業にとっての基本的な長期目標を決定し、行動計画を選択し、目標を達成するために必要な資源配分を行うこと。

彼は、1950年代後半、圧倒的な力を持ち、マーケットに君臨していた、デュポン、GM（ゼネラル・モーターズ）、スタンダード石油ニュージャージー、シアーズローバックといった、当時、強大な力を持ち、向かうところ敵なしの巨大企業が、大きくなってから、さらに成長する間の組織構造の変化を研究した。

田岡も、東京電力だけ見ていれば、チャンドラー同様の定義をしたであろう。

しかし、彼は、市場調査に携わり、消費財メーカー、流通各社の存亡を賭けた苛烈なマーケット争奪戦を、間近に見たのであった。

そこで、田岡は、次のとおり戦略を論じたのである。

競争に勝つことが生き残りの条件である以上、そこには勝つための戦略というものが不可欠となる。そもそも企業としての基本戦略は、他社との生存競争そのもののなかで、敵と戦って勝つのだ、という信念に根ざしていなければならない。戦略の必要性は、まさにそこから出てくる。

筆者自身の認識も同じである。

ただし、戦略を、戦いの策略とみなす以上、戦いを定義しなければならない。

これを定義をした経営論を知らないが、軍事で、最も有名な定義は、クラウゼヴィッツ『戦争論』1832年の、次の定義である。

戦争は一種の強力行為であり、その旨とするところは相手に我が方の意志を強要するにある。

陸上自衛隊の作戦・戦闘教範である『野外令』は、同様の考えで、また、アメリカ国防省の定義に準拠して、次のとおり、戦いを定義している。

戦いとは、相異なる意思を持つ相手に、自らの意思を貫徹する活動である。

もっと単純に、「**敵に、意思を強制する活動**」とも言われる。

たとえば、「領土をよこせ」と要求し、相手の国が「はい、あげます」と言いなりになれば、戦いは起こらない。

「いやだ」と抵抗されるところに戦いがはじまる。

これを、国家が、武力を用いて強制するのが「戦争」である。

6 戦いを再定義する

戦争での戦いは、意思を、武力で「強制」することを目的としている。

そこに、「貫徹する」とか、「強制する」という、強い言葉が用いられる。

しかし、企業は、顧客に、「買わないと殴るぞ」といったように、脅しや暴力で、買うことを強制できない。

あくまで「買ってください」であり、「お買い求めいただく」である。

このように、ビジネスは、「受容」を目的とする戦いである。

強制と受容では大違いである。

受容には、受容を妨げている障害を克服する活動が必要である。
これらを克服して、顧客が魅力を感じる商品やサービスを開発ないし調達し、販売する作業が経営である。
そこで、戦いを、次のとおり再定義する。

戦いとは、自らの意思の実現を妨げる障害を克服するための活動である。

これは、軍事の、また、田岡が説く戦いの意味にも一致する定義と考える。

7 勝つことのみが善なり

田岡の表現はストレートだが、上には上がいる。
大正製薬を大きく発展させた上原正吉は、「経営は金もうけ」と考え、がんばったが、うまくいかなかった。
しかし、ある日、「経営は、戦いだ」と気づいてから、事業もうまくいくようになり、もうかるようにもなったと述懐し、次のように断じた（大正製薬資料）。

経営は戦いなり。勝つことのみが善なり。

それは、「勝てば、いくらもうかるか」ではなく、「勝てば、新たな展望が開け、敗れればおしまい」

といった、厳しい、そして困難な戦いの連続であったろう。

上原正吉に限らず、「経営は、組織の存亡を賭けた戦いだ」というのは、トップやミドルにとっての実感であろう。

戦後の荒廃から立ち上がり、国内さらには海外で、障害だらけの状況を戦ってきたトップやミドルに、ランチェスター戦略が、共感を持って受け入れられたのは、目標値の設定に加え、企業競争を戦いとみなしたからであろう。

「8」戦いが生まれない条件

当然ながら、戦う決意が伴わなければ、戦いは生まれず、戦略は生まれない。

生まれるのは、ただの願望であり、現状への愚痴か妥協である。

それでも組織を持続できればよいが、あらゆる組織の存在価値の優劣が厳しく問われる今日、待ち受けるのは滅亡であり、組織を運用していた人々や頼っていた人々を巻き添えにする。

組織のトップやミドルには、組織を滅亡させず、社会的に価値あるものとして持続させるために戦う社会的な責任がある。

田岡は、「**営業は、断られたところからはじまる**」と説いた。

営業は、販売をめぐる戦いであり、もし、商品や取引条件を提示するだけで購入してくれるなら、戦いは生まれない。

また、断られたことで、売るのをあきらめれば、戦いは生まれない。

戦い、ひいては、戦略も生まれない条件は、次のようにまとめることができる。

戦いが生まれない条件

❶障害がない：もてる能力の範囲内で意思の実現ができる。
❷あきらめる：障害を克服できないと判断して活動を中止する。
❸意思をもたない：成り行きまかせ、ないし、言いなりである。

多くの人を魅了し、高く売ることができる、画期的な商品を開発すれば、開発までは戦いであるが、その後は、戦う必要はなく、戦略は、開発戦略だけですむ。

素晴らしいアイデアが生まれれば成功すると説く戦略論は、戦い不要の戦略論であり、戦略と呼ぶべきではない。

なぜなら、アイデアは、意思にすぎないからである。

それを実現するには、何を、どうすべきか、しなければならないかを考慮せず、また、示さないことを無為無策という。

9 戦略とは何か

実現したい意思、ひいては目的があり、その実現を妨げる障害があり、それでもあきらめないところに戦いが生まれ、戦略が生まれる。

頭の中でいかに戦うかを考え、まとめたものも立派な戦略である。

ただし、想定される障害がきついほど、多いほど、戦略は高度で長期的なものとなり、紙やコンピュータが必要となる。

戦略の対象期間を長期と決めつける根拠はない。

戦争や、企業競争だけでなく、社会の様々な問題を解決する努力も戦いである。

また、学校、病院、ＮＰＯなどの非営利組織であれ、自治体であれ、もっと多くの人々に認められ、経営基盤を安定させようと決意した瞬間から、戦いがはじまり、いかに戦うかという戦略が必要になる。

そこで、戦略は、次のように位置づけ、定義できる。

戦略の図式：意思（目的）＋障害（問題）→戦い→戦略（戦いの策略）
戦略の定義：実現したい意思を明確にし、その実現を妨げる障害を特定し、それを克服するための課題と対策をまとめたもの。

この戦略の定義は、田岡の戦略のイメージにも合致するはずである。

なお、思いつくままに、いろんな試みにチャレンジするとか、新しい制度や方法を導入する企業は、戦略なき「場当たり経営」におちいっているのである。

10 戦略の本質

戦略は、思い通りにならない思いを実現するための策略ともいえよう。

１８６０年代に、考え抜かれた戦略で、デンマークやオーストリアとの戦争に勝ち、１８７０年には、世界最強とされていたフランス軍を撃破し、ドイツ統一を果たした参謀総長モルトケは、戦略の本質を、次のように論じた。

戦略とは、状況を救済する術なり。


ここでの状況とは、危険な状況とか、不本意な状況ということである。

それを、どう打開するかという策略が、戦略ということである。

これは、激しい競争にさらされる企業、その他の組織の経営についても同様であり、このモルトケの言に従って、経営関係の戦略の本質と目的を次のとおりとする。

経営関係の戦略の本質：組織の存続発展が難しい状況を打開するための策略。
経営関係の戦略の目的：組織の持続可能性の向上。

11 戦いの原理

戦いを支配する原理は、「**優勝劣敗**」である。

さらに露骨な表現をすれば、「**弱肉強食**」である。

その戦いを生き抜くには、人材、資金、技術などの質と量、そして、それらを効果的に生かすための組織力などの戦力の強化が重要な戦略課題となる。

もちろん、戦力を強化しても、使い方がまずければだめである。

そこに、弱者が強者に勝つ余地が存在し、戦力に劣る側が、優れる側に勝った戦史や、大企業のマーケットを奪って大きく成長した企業が存在する。

何よりも、戦力の強化には、手間と時間がかかり、今を戦っている企業にとっては、今の戦力でいかに戦うかが最優先である。

しかし、戦力が弱体であれば、できることは限られ、ひとつの失敗が致命傷となりかねず、活動は、どうしても消極的になり、素晴らしいアイデアをもっていても、実現できない。

もしくは、一か八かの賭けのような、危険な戦いしかできない。

その場合、一時的に成果をあげることができても、持続できず、無理がたたって、破綻を招く危険が高くなる。

また、戦力の強化努力を怠れば、戦力がどんどん低下し、ミスやトラブルが増え、顧客や取引先から見放されてゆく。

しかも、人材の育成や技術力の強化などの戦力の強化を怠ったがゆえに発生するミスやトラブルは、その防止のための規則やマニュアルをいくら作り、罰則を厳しくしようとも防止できない。

戦力の強化策を欠いた戦略は、戦力の劣化まで招く危険なものとなる。

戦力を強化してゆくことで、戦力の劣化も回避でき、できることも多くなり、チャレンジャブルな活動も可能になる。

また、失敗しても、別のチャンスにチャレンジし、ばん回する可能性が高まる。

特に、戦力に劣る側が、優れる側に、一度勝つだけではなく、幾度も勝つには、戦力の強化にもはげまなければならない。

実際、大企業と戦い、大をなした企業は、そうしてきたはずである。

12 軍事では、戦力の強化が最優先

軍事では、戦略は、「戦力の強化策」と「戦力の運用策」から構成される。

そして、敵との戦力の優劣、すなわち「軍事バランス」が重視され、運用策より強化策の方がはるかに重要とされる。

ナポレオン軍などとの約130の戦いに参加したプロシアの将軍クラウゼヴィッツは、その経験をもとに、次のように論じた。

兵数が敵方よりも優勢であるということは、戦術においても、戦略においても、勝利の最も一般的な原理である。

実際、相手のナポレオンは、大量安価に兵隊を動員できる近代的な徴兵制を創設し、「5万名ほどの戦死はどうってことない」と言って、大戦力で戦うことを心がけ、プロシア軍は、さんざんな敗北を喫した。

ただし、才におぼれたためか、劣勢でも攻撃を続けるようになった。

それをイギリスのウェリントン将軍に見抜かれ、ワーテルローで巧妙に兵と大砲を布陣させて戦う作戦にはまったが、攻撃を続行し、戦力を減耗させていった。

そこにナポレオンの別働隊に追いかけられたプロシア軍が、たまたま横から突入する格好になり、敗れた。

織田信長と徳川家康の連合軍が、武田軍の強力な騎馬軍団の突撃を、馬防柵を構築し、その内側に鉄砲隊を三段構えで配備し、鉄砲の連射で撃破したとされる「長篠の戦い」でも、秀吉・家康連合軍の兵力は、武田軍の3倍であった。

鉄砲連射の前に、武田軍は崩壊していたとの説もある。

ちなみに、防衛大学校教授菊池宏は、過去の359の陸戦と82の海戦を分析し、次の指摘をした。

兵力が敵の7割以上なら、戦い方次第で何とか敗けずにすむ。7割を切れば、敗ける確率が飛躍的に高まる。

日露戦争の日本海海戦でバルチック艦隊を撃滅した日本帝国海軍の参謀、秋山真之《さねゆき》は、司馬遼太郎の『坂の上の雲』で、戦力の運用策が高く評価されたが、当の本人は、次のように述べている。

「手は上手なりとも、力足らぬときは敗る。戦術巧妙なりとも、兵力少なければ勝つあたわず」（「天剣漫録」海上自衛隊幹部学校資料）。

13 経営戦略の定義

軍事でも、経営でも、戦力の強化が、戦略の優先課題である。

アメリカ国防省や日本の防衛省は、国家戦略を、次のように定義している。

「国家目標の達成、特に国家の安全を保障するため、平戦両時をつうじて国家の政治的、経済的、心理的等の諸力を総合的に発展させ、かつこれらを効果的に運用する方策をいう」（傍線筆者）

ようは、「戦略＝戦力の強化策＋戦力の運用策」であり、「戦力の強化策⩗戦力の運用策」である。

この「国家」を「組織」、「安全を保障する」を「将来にわたる持続可能性を確保する」、「平戦両時をつうじて」を「継続的に」、「政治的」を「経営的」と読み替え、次のとおり、経営戦略を定義する。

経営戦略：経営目的の達成、特に会社の存続・発展のため、会社の人的、組織的、金銭的、技術的、その他の戦力を総合的に強化し、かつ、効果的にその戦力を運用する方策。

日本企業の多くは、人材の育成や技術の習得・改善に大変な努力をなし、戦力の強化を追求してきたが、それは極めてオーソドックスな戦略といえる。

ただし、この経営戦略の定義は、ポーターの『競争の戦略』１９８０年にみられるように、人材の育成などを副次的な課題として戦力の強化策を軽視し、もっぱら戦力の運用のための意思決定を論じる戦略論とは異なる考えである。

ポーターは、「日本の企業には戦略がない」と論じ、また、それをもって日本の企業経営を批判する論者もいるが、それは、戦略を、戦力の運用策と決め込んでいるからでもある。

しかし、そのような考えによる戦略は、危険である。

スティグリッツは、『人間が幸福になる経済とは何か』２００３年その他で、アメリカで国際競争力が残っている分野は、金融、医療・医薬、知的財産権（ソフトウェア等）だけだと断じた。

そのほかに、航空機など、いくつかの産業でも残っていると思うが、１９８０年代から、このような状態におちいっていったのは、ポーターのような考えが、企業のトップやミドルの間で支配的だったからと考えることができる。

6章 戦略と計画

1 計画と戦略は正反対

経営関係の戦略論での戦略の定義は多種多様だが、チャンドラーのように計画の決定、実行とする論が多いようである。

ベサンコたちの『戦略の経済学』で、チャンドラーの次に紹介され、同様に、先駆的貢献者と評価されるアンドリューズの戦略の定義は、次のとおりである。

企業がどの事業に参画しているか、またはするべきか、どんな種類の企業であるか、またはあるべきか、という定義で示される、一連の目標、およびその目標を実現するための主要な方針と計画である。

軍事の考えや定義と大きく異なるのはよいとして、これでは、わざわざ戦略という言葉を使う必要がないはずである。

防衛大学校教授桑田悦は、防衛大学講義資料1983年で、軍事戦略策定の4つの留意事項を列挙した。

その内容は、次のとおりだが、4番目の「将来予想から今の行動を決定する」という指摘は、戦略が「将来予想から将来の行動を決定する」という計画の反対概念であることを強調し、戦略と計画を混同することを、いましめたものである。

戦略策定の留意事項

❶前線部隊が、できるだけ無理せず、有利に戦える条件づくりをする。
❷広範囲、長期的な観点から検討する。
❸状勢の変化に応じることができる柔軟性をもたせる。
❹将来の行動を今決定せず、将来予想から今の行動を決定する

ランチェスター戦略でも、計画という言葉は、太平洋戦争で、圧倒的な戦力で日本軍を殲滅《せんめつ》したアメリカ軍の作戦計画の紹介以外では、一切、使っていない。

これは、計画と戦略は、正反対の概念であることを、田岡は、きちんと認識していたからであろう。計画は、ＰＤＣＡサイクルで、確実に達成していくべきものだが、戦略は、予定通りいかなければ変える、時には、やめるべきものである。

ちなみに、カナダのマクギル大学のミンツバーグは、概略、次のように計画と戦略の違いを指摘したが、本質的に、桑田と同じである。

ミンツバーグの計画と戦略の定義

計画：目標に達するまでのプロセスをいくつかの段階に分け、それらをほぼ自動的に実行できるようにし、段階ごとに予想される結果や成果を明確に示す「分解する作業」である。

戦略：企業の全体的な展望、おおまかな方向性を示すものであり、それは直感と創造力を必要とし、試行錯誤を積み上げる「統合する作業」である。

［cf］今口忠政『組織の成長と衰退』白桃書房、１９９３年

2 計画はたたき台である

計画をつくることとは、将来をどう予想し、何をいつまでに達成しなければならないかを、具体的に示すことであり、それは、必要な資金や、やるべきことの漏れやリスクをみつけるためにも、必要である。しかし、業績に、ストレートに影響を与える、ライバル企業や顧客ニーズの動向すら予想できないのが現実であり、計画の前提条件は、狂って当たり前である。

もし、それが可能なら、企業経営などという、面倒で危険な仕事をせず、株式投資で巨万の富を築くことができよう。

当のライバル企業や顧客自身、1年はおろか、明日、どういった行動をとっているかも正しく予想できないはずである。

えられる情報は、断片的であり、ほとんどが入手までに時間が経過し、今現在、何がどうなっているかも定かではない。

経営関係の計画は、地図を持った小春日和のピクニックの計画と異なり、何をなすべきかという戦略

を考える上でのたたき台にすぎない。
アメリカ陸軍『FM5―0』は、計画の意義を、次のとおり記しているが、これは、経営関係の計画にもあてはまるはずである。

❶計画は、配下の部隊の指揮官に、指揮官の構想、意図、決定について伝達する手段である。
❷計画は、配下の部隊の指揮官に、それぞれの計画作成と準備行動の指針を示す共通の枠組みを提供する。
❸指揮官の意図と作戦構想は、望まれる終結状況と、それを達成するための任務の理解の共有に貢献する。
❹作戦中は、予期せぬ脅威や好機が生じ、新たな計画が必要となる。

3 戦略は仮説である

バーニーは、戦略を目標の決定や計画の作成と実行とみなすような戦略の定義を多数紹介した上で、それらと自分の定義は異なるとし、次のように戦略を定義した。

戦略とは、いかに競争に成功するか、ということに関して一企業がもつセオリー（理論）である。

これは、田岡の既掲の定義、「**敵との戦いのなかでの勝ち方のノウハウ**」と本質的に同じである。
敵との戦いは、競争戦略論では「競争」と表現され、田岡がいうノウハウは、前後の文脈から、「こうすれば勝つという因果関係を示したセオリー」と解釈できる。

ただし、バーニーは、セオリーといっても、不確実な状況での、「ベスト・ゲス（精一杯の推論）」にもとづいたものであり、誤っていることもある、いや、誤って当たり前とした。

そして、誤っていれば、修正されるべきものとした。

これについて、アメリカへの二輪車市場参入時のホンダの「大型バイクで、ハーレーなどと戦う」という戦略が失敗し、「小型スクーター市場を獲得してから、大型バイクを導入する」戦略に変えて、成功した事例を引用した。

そして、次のように論じた。


企業の競争上のセオリーがどの程度成功したか、という評価は、そのセオリーをしばらく実行してみて初めてわかる場合が多く、事前にそのセオリーの成否を確実に判断することはできない。

企業の戦略とは、常に、「どのようにすれば競争に勝てるか」という（検証され続ける命題としての）セオリーである。

この競争に成功するためのセオリーを、行動レベルに翻訳できる企業は、自社の成功確率を高めることができる。


これは、戦略を、仮説とみなすべきことを示している。

すなわち、「状況は、おそらくこうで、こうなるだろうから、こうすればよいはずだ」といった仮説である。
大事なことは、戦略を仮説とみなし、間違っていると判断すればただちに修正することである。それは、敵軍という、どう動くかが正しく予想できない、自由な意思をもった相手と戦う軍事の常識であるが、ビジネスも同じである。
戦略を仮説とみなす経営者は、セブン&アイ・ホールディングス会長、鈴木敏文をはじめ、珍しくはない。

4 創発戦略

ミンツバーグは、「**行動するために戦略を考えることもあるが、戦略を考えるために行動することもある**」として、戦略を、2つに分類した。それは、次のとおり要約できる。

計画的な戦略：じっくりと状況を分析し熟考（デリベレート）して作るトップダウン的な戦略。
マーケットの状況をじっくりと調べ、周到に準備し、必要な戦力を整え、行動する戦略である。

創発的な戦略：現場の活動などから創発的（エマーゲント）に生まれるボトムアップ的な戦略。
うまくいくかどうかを試し、成功した事例を少しずつ積み重ねて、実行可能な戦略パターンを考えだす。

［cf］今口忠政『組織の成長と衰退』白桃書房、1993年

ただし、計画的な戦略は、計画的であっても計画ではないし、つねに予想外の障害の出現や変化をマークし、大きく変えることを考慮しておくべきものである。

ミンツバーグは、当初実行しようとした戦略を、**「意図的戦略（インテンデッド・ストラテジー）」**と呼んだ。それが、いったん実行されると、どんどん修正を余儀なくされる。その結果、追求している大きく変容した戦略を、**「創発戦略（エマージェント・ストラテジー）」**としたのである。

5 サントリーの「やってみなはれ」

「やってみなはれ」という、サントリーの創業者、鳥居信治郎の有名な言葉がある。

情報の収集にはげむだけでは分かることは限られ、それぞれの情報の正しさも判断できない。

やってみることでいろんなことが分かるし、思わぬチャンスやよい方法を発見することもできる。

また、現場の活動のなかから、新しい事業や商品などのアイデアが生まれ、戦略が生まれることがある。

このようにして生まれる戦略が、創発戦略である。

しかし、経営は、何をするにも金がかかる。

なんでもかんでも「やってみなはれ」とやれば、いくら金があっても足りない。

そこで、最低限、その戦略が、断片的な情報であっても、事実をふまえて作られ、かつ、状況をシビアーに推測しているかを、厳しく追求しなければならない。

ナポレオンが連戦連勝を続けているとき、その理由を問われ「事実のみにもとづいて判断しているからだ」と答えているが、これは、判断の鉄則である。

鳥居信治郎の「やってみなはれ」も、「**そこまで考え、そこまで調べ、そこまでやりたいなら、やってみなはれ**」であったと思う。

それも、これまでの実績や、行動から、信頼できる社員からの提案に対してだったのであろう。

そして、やらせてみて、だめだと思えば、経営を危うくするような損失をもたらす前に、「やめなはれ」と見切って、損失を抑えたはずである。

少なくとも、創造的破壊論者が説くような、思いついたことは、どんどんやらせるといったような発想によるものではなかったはずである。

さもなければ、サントリーは、消滅していたはずである。

6 松下幸之助の「予算則決算」

経営の神様と尊敬される松下幸之助は「**予算即決算**」と言い、社員たちに、計画を約束とみなして必達するよう厳命したとのことである。

そして、ダイエーの創業者、中内切は、この言を引用し、「目標は約束だ。必達せよ」と、社員に命じていた。

目標は、目標以上でも、以下でもなく、目標を約束と規定するのはおかしな発想であるが、予算即決算は、計画至上主義を見事に表現した言葉である。

そして、経営の神様の言葉であるがゆえに、計画主義者の錦の御旗となり、計画主義を正当化するために用いられることもある。

しかし、実際の松下幸之助は、計画達成への執念を要求する一方で、状況の変化に対応して決定を幾度もくつがえし、「**朝令暮改**」とか「**君子豹変す**」とも言っていた。

松下幸之助にとって、計画は戦略であったはずである。

しかし、計画を実行できないほどの変化が発生していないのに、実行されていないと判断したところに、予算即決算という発言がなされたのであろう。

その証拠に、松下幸之助は、既述のとおり、ランチェスター戦略を真っ先に導入し、その普及の口火を切った人物である。

もし、計画至上主義者なら、ランチェスター戦略を積極採用するはずがない。

7 ボイエットのポーター批判

アメリカの経営コンサルタント、ボイエットたちは、『経営革命大全』１９９８年で、ミンツバーグの次のような大企業の戦略スタッフ批判を紹介した。

「ビジネスの現場に入ったことのない戦略スタッフは、計画を作っている何ヵ月もの間、世界は何の変化もせず、また、計画で予想したとおりに世界は動くと考え、また、集まってくるデータは全て正しいものとしている」

そして、１９８０年代のマイケル・ポーターの競争戦略論の流行と、その後を、概略、次のように批判した。

その批判があたっている限り、戦略と称されているものは、計画である。

❶ポーターの詳細な分析の目的は、あてずっぽうな未来予測をなくしてビジネスの世界に秩序をもたらすことにあった。しかし現実はそう甘くはなかった。
❷その結果、実務家が幅を利かせるようになった。
❸1990年代初めになると、アメリカのCEO（最高経営責任者）たちは戦略を棚上げにしてダウンサイジング、リストラクチャリング、リエンジニアリングなど即効性のある方法に群がった。

田岡も同様の認識をもったがゆえに、「勝ち方のノウハウとして、この戦略ということばをとらえている企業がどれだけあるか、はなはだしく疑問である」と論じたのであろう。

8 持久戦略も重要な選択肢

軍事では、チャンスを「**戦機**（**戦う機会**）」と呼び、遅疑や逡巡で戦機を逃がすことだけでなく、戦機が到来しないのに戦うこともタブーとされ、「**戦機が熟すのを待つ**」ことも大事とされる。

軍事では、勝敗を決する「**決戦**」以外に、勝敗を目的とせずに戦う「**持久戦**」というコンセプトが確立し、重視される。

持久戦とは、時間的な余裕をかせぐことを目的とする戦いである。

現在の状況で決戦をすれば敗れたり、大きな損害をこうむる公算が大きいため、決戦を避け、ニセ情報の流布や小規模な攻撃などで敵を牽制し、動きを鈍らせたり、停止させるのである。

そして、その間に、援軍を待つ、有利な布陣をなす、陣地を強化する、好機の到来を待つ……といったことを試みるのである。

企業経営でも、武田信玄の風林火山が示すように、「**静かなること林のごとし**」と「**動かざること山のごとし**」が大事な状況もある。

「状況を見守っていた方がよい」とか、「もっとはっきりするまで待っても遅くはない」と考え、新たなチャレンジをしないのも、立派な決定である。

そして、ここぞという時に、「**はやきこと風のごとし**」、「**激しきこと火のごとし**」と活動することが大事である。これを、軍事で、「**攻勢移転**」という。

桑田は、防衛大学校講義資料1983年で、次のように良い戦略と悪い戦略を区別したが、どの組織でも留意すべきことである。

良い戦略：部隊に能力の限界を超す努力を要求せず、目標を達成できる戦略。
悪い戦略：部隊に能力の限界を超した努力を要求し、目標を達成できない戦略。

9 持久戦からの攻勢移転

経営戦略というと、新規事業戦略か、成長戦略か、業績が低迷した企業を建て直すターン・ラウンド戦略といった、チャレンジャブルで勇ましいものが多い。

おかげで、そのような挑戦をせず、手堅く守りに徹している企業を、戦略を持たないだめ企業のようにみなす論説が横行する。

1990年代、日本の企業の多くが、チャレンジャブルな戦略を追求しなかったことをもって、「失われた15年」と表現する。

そして、創造とか革新をあおる論者から、無能な臆病者呼ばわりされた。

しかし、マーケットの需要が低迷し、保有する土地や株式などの資産価値が大きく下落し、これといった勝算が読めるビジネスが見いだせない以上、積極投資をするのは極めて危険な行為である。

それをやらないことをもって、臆病で、ダメ企業のように評するのは、ビジネスの難しさとこわさを知らないアマチュアの論理である。

あのような状況では、余計なことをせず、じっと耐え、企業の発展よりも存続を追求するのは、妥当な選択であり、れっきとした持久戦略である。

つぶれないこと、すなわち「**不敗**」を目的とし、決戦を回避して戦力を建て直し、援軍やチャンスの到来を待つのである。

それは、新規事業戦略や成長戦略をとるよりも、はるかに大きな勇気と、強靭な精神力と忍耐力を必要とし、おまけに、投資ファンドの不興をかい、株価下落をもたらす戦略である。

しかし、持続可能性を高めるためには、大事な戦略である。

２００４年頃から、アグレッシブな活動を開始する企業がめだってきたが、それは、長期持久に成功した上での攻勢移転とみなすこともできる。

２００８年から、金融危機のぼっ発で、再び状況が悪化してきたが、不利な状況での持久戦ができねば、破滅する危険が飛躍的に高まる。

7章 戦いと管理

1 管理とは何か

企業をつぶさないためには、経営を管理とみなさず、戦いとみなすことが大事である。

ただし、「ラインの業務を計画的にきちんとこなし、顧客に間違いのない商品を販売する」ためには、「決められたことを決められたとおり実行するための管理」が必要である。

こういった管理がずさんだと、様々なトラブルや不祥事が発生し、企業は顧客から見離されてつぶれてゆく。

そこで、「**管理**」と「**戦い**」を正しく使い分けなければならない。

管理を明確に定義したのは、近代経営学の真の父と評されるフランスの鉱山経営者アンリー・ファヨールの『産業ならびに一般の管理』1916年である。

彼が示した管理（アドミニストレーション）と、その構成要素の定義は、次のとおりである。

管理：人の行動を「計画、組織、指揮、調整、統制」すること。

↓
計画：将来を予想し、予算と行動予定を作ること。
組織：事業の物的及び人的な構造を作ること。
指揮：各人が、自分に課せられた役割を果たすよう配慮すること。
調整：すべての活動を結合し、統一し、調和させること。
統制：すべての活動が、定められた基準や命令に従って行われるよう監督すること。

この管理論を簡略化したのが、次のＰＤＣＡサイクルである。

P（プラン：計画）→D（ドゥ：実行）→C（チェック：監査）→A（アクト：修正）

これは、「**管理サイクル**」とか「マネジメント・サイクル」とも呼ばれる。

新しい技法のように論じられることもあるが、１００年近く前に、確立したものである。

ここでは、計画は、達成すべきものとされる。

計画どおりに進捗しなければ、計画を変えず、行動の修正が求められる。

ここでの「アクト」は、計画を変えるのではなく、行動を見直し、実行することである。

そして、計画が達成されたなら、その成果をふまえて、新たな計画を立て、実行してゆくのでサイクルと呼ばれる。

2 経営が戦いとなる理由

ファヨールは、管理を経営のひとつの機能ととらえ「**管理は人間に対してのみ適用される**」といった。部下を持つ人間を**管理者**と呼ぶが、それは、部下を管理する役割を担っているからである。

そして、部下に、作業を指示、命令する**権限**を持ち、部下は、それに従う**義務**を負っている。

これは、指示命令に従う相手に対してのみ管理は可能となることを意味する。経営が管理ではなく、戦いとなる根本的な理由は、経営者、ひいては「企業は、社員以外には指示、命令する権限をもっていない」ことにある。

企業は、顧客に、気に入らない商品を買わせる権限を持っていない。

ライバルに、競合商品の値下げを中止させる権限も持っていない。

ただし、独占などで強力なマーケット支配力を持つ企業なら、顧客に指示、命令するのに等しい活動が可能となり、ほぼ計画どおりに売上や利益をあげることができる。

この場合、経営は管理となるが、こういった企業は本書の対象外とする。

3 パーフェクトかベターか

管理と戦いの根本的な違いは、**パーフェクト**（**完全**）を追求するか、**ベター**（**よりまし**）を追求するかである。

管理→パーフェクトを追求→達成度による絶対評価（基準は自社で決める）。

戦い→ベターを追求→優劣による相対評価（基準は相手で決まる）。


管理には、規則や計画で示される100点満点の基準があり、100点をとれば何の問題もない。

一方、戦いは勝敗が問題であり、100点をとっても、ライバルが120点をとれば負けである。

逆に、30点でも、ライバルが29点なら勝ちである。

企業は、ライバルよりまし、今よりましといったベター、相対的優位性を追求し、実現してゆくことで、はじめて持続可能性を高める。

100点の基準を定め、それを計画的に達成すればよしとするのは、ひとりよがりとなり、ライバルに敗れ、顧客に見離される危険を高める。

また、ライバルが30点なら40点でよいのに、大変な努力と費用をかけて100点を追求するようなことは不要である。

たとえば、ライバルの企業が3、4種類の色やデザインの品揃えしかしていないのに、色とデザインをいろいろ組み合わせて10種類も20種類もの品揃えをし、生産、在庫、販売、物流に大きな手間と費用をかけるべきではない。

多くの場合、売れるのは、やはり3、4種類に集中し、他はほとんど売れずに在庫となり、キャッシュフローを悪化させ、また、大きな損失を生む。

4 管理可能要素と管理不能要素

管理は、生産、販売、物流などの一連の業務処理を、決めたとおりに、間違いなく実行するために大変に重要である。

その意思と能力に劣れば、開発、生産、物流、販売などの基幹業務すら円滑に遂行されず、様々なトラブルが頻発し、取引先と顧客から見離され、つぶれる。

しかし、顧客ニーズやライバルの動向のように、管理も予想もできないのに、企業の業績に大きな脅威を与える要素がいくつもある。

実際、成功したトップたちの回想記事には、様々な脅威や危機との壮絶な戦いのエピソードがいくつも紹介されている。

それは、企業というものが、顧客、ライバル企業、行政、景気……など、様々な要素の動向に業績を左右される受動的な存在だからである。

そこに、次のとおり、管理できる「**管理可能要素**（**統制可能要素**）」をきちんと管理し、管理できない「**管理不能要素**（**統制不能要素**）」と戦うことが必要となり、戦略が生まれる。

管理可能要素→管理→計画

管理不能要素→戦い→戦略

5 計画主義と精神主義合体の脅威

「計画をたて、計画どおりに業績をあげよ」というのは、「管理できない戦いを管理する」という、無謀にして、その自覚なき発想の産物である。

なかには、「管理すべきことを管理せず、管理できないことを管理しようとする企業」もある。

その結果、状況の変化に応じて計画を変えず、変えたとしても時間がかかって対応が後手に回る。

また、計画どおりに進捗しなければ、悪いのは計画ではなく、計画を実行する社員に問題があると決めつけ、「何が何でも達成せよ」との精神主義が横行する。

計画主義と精神主義の両方に支配された企業ほど、愚劣で始末におえないものはない。

こういった企業では、真面目な社員の間に、ストレスで精神に異常をきたす者や、過労に倒れる者が増え、また、計画どおりに業績をあげるための様々な無理や不正が、一部の社員だけでなく、部門ぐるみで行われるようになる。

そういったことが不祥事となって発覚すると、利益至上主義と批判されるが、その多くは計画至上主義の産物でもある。

6 計画至上主義が、企業をつぶす

戦略と計画は、最初は、同じ形でまとめられる。

すなわち、目標を決定し、各部門、各人がどういった個別目標をどのように達成してゆくかをまとめる。

違いは、その後であり、新たなチャンスや脅威の出現など、状況の変化をマークし、変化が生じれば目標を含む、あらゆる事項を改廃することを考慮していれば、計画と呼んでいても戦略であり、そうでなければ計画である。

たとえば、「攻略すべき事業ドメインを決定すれば、後は、その実行のための計画と組織を作り、各部門をＰＤＣＡサイクルで管理して計画を達成すべき」という戦略論は戦略論ではなく、計画論である。当初計画どおりのドメインの攻略と目標の達成にこだわれば、企業の活動は、当初計画の前提条件の変化とともに、あらぬ方向へ展開され、新たなチャンス、好機は無視され、脅威が増え、かつ深刻になっていく。

結果、遊休設備、赤字店舗、遊休人員、売れ残り在庫の山などで、キャッシュフローが急速に悪化し、つぶれていく。

実際、危機に陥るか、破綻した企業の多くは、独創的な商品やビジネスを開発できなかったことよりも、計画主義か、その正反対の放漫経営により、このような状況を生起させて、自滅している。

また、このような企業の場合、独創的な商品やビジネスを開発しても、それ自体が、同様の状況におちいり、破綻を促進する効果を発揮する。

7 計画主義のディスインセンティブ効果

計画至上主義に支配された企業は、計画経済を追求して自滅したソ連同様の運命をたどることになるというのが、今日の組織経済学の結論である。

これについて、スタンフォード大学の組織経済学者、ミルグロムたちは、『組織の経済学』1992年で、従業員に対する負の効果、「ディスインセンティブ効果」、を、概略、次のとおり指摘した。

❶確実にできることしか計画せず、計画どおりに達成できない可能性のある目標や新しい課題や難しい課題を設定しないようになる。

❷自分や自部門の計画を達成するため、それを妨げるようなことは、将来や企業全体のことを考えればやっておくべきことでもやらず、目先の、後先構わぬ利己的な行動に走る。

❸数字を操作して帳尻あわせをしたり、問題を隠したり先送りしたりして、計画通りに成果が上がっているようなごまかしが横行する→モラルハザードの発生。

❹弱い立場にある取引先に不当な値引きの強要や押し込み販売をしたり、顧客をだましたりするなど、計画達成のために手段を選ばぬ行動をとるようになる→モラルハザードの発生。

❺計画を上回る成果をあげることができても、その原因を甘い計画やずさんな見通しによるものと批判されたり、それにより以後の計画目標が簡単に達成できない水準に引き上げられることを恐れて、成果をおさえたり、その成果を次期に繰り越す→組織的怠業（システマティック・ソルジャリング）の発生。

これに、次の問題を加えることができる。

❻計画にあることしか実行せず、経営に大きな影響を及ぼす新たなチャンスやリスクが出現しても、それに対応しようとしない。

❼計画どおりに進捗せぬ理由を、予想していなかった事態や変化の発生や、他部門が計画通りにやるべきことをやらなかったためとし、責任回避や責任転嫁が横行する。
❽計画どおりに収入がえられないのに、支出だけは計画どおりに実行される。
❾計画どおりに売上や利益をあげることを名分に、計画以上の支出がなされる。

8 成果主義が、モラルハザードを生む

ミルグロムたちの指摘は、計画で決められた目標値の達成度で給料を評価する成果主義（ペイ・フォー・パフォーマンス）をとれば、様々な無理や不正が、一部社員だけでなく、部門ぐるみで行われる可能性が高まることを示している。

それが不祥事となって発覚すると、利益至上主義と批判されるが、その多くは計画至上主義の産物である。

その発生プロセスは、次のとおりである。

均等報酬原理
人間は、一定の安定した報酬を最小の努力とリスクでえようと行動する。
↓
成果主義が従業員に与える3つのリスク：
努力が業績に反映せぬリスク
業績が評価に反映せぬリスク

評価が報酬に反映せぬリスク

←成果主義が導入されれば、インセンティブ強度原理が作用する。

←インセンティブ強度原理

❶評価の対象となる結果だけを手段を選ばず追い求める。
❷高い評価をえやすい仕事には、できるだけ時間と労力を配分する。
❸評価をえにくい仕事には、できるだけ時間と労力を配分しない。
❹評価の対象とならない仕事は、重要な仕事でも一切しない。

←モラール（morale：やる気）ではなく、モラル（moral：倫理）がハザードする。

←やる気満々で、倫理に反する行動をなす。

9 後半主義と8掛主義

どんなに実行可能な戦略、戦術を開発しても、現場の人間が、いい加減であったり、やる気をなくせば、また、不正な行為をすれば、どうしようもない。

成果主義は、その危険を増大させるものであるが、田岡は、営業マンについて、その危険な現象を、「結果主義」と呼び、次のように論じている。

業績を評価する場合に、マネジャーは、結果主義でそれを判断しやすい。

結果主義におちいっているセールスマンの行動を分析してみると、一ヵ月のうち前半は全くのんびりし、一所懸命働くのは月のうち後半だけという、いわゆる「後半主義」の弊害がはっきりしてくる。

いつも全力投球せず、八割ぐらいの実力しかださないで、あとの二割はプールしておき、翌月に備えるという、いわゆる「八掛主義」の傾向をもつセールスマンも多い。

だが、こういった傾向が生まれてくるのは、決してセールスマンだけに責任があるのではない。単純な結果主義だけで業績評価をする企業側の責任である。

10 先勝後戦

結果主義の弊害に対し、田岡は、営業マンの行動管理を強化する必要と方法を論じた。

それは、フレデリック・テーラーの科学的管理法発想同様の、標準化による、行動管理と時間管理である。

しかし、これは、結果主義よりはましであるが、さしたる効果をあげるとは期待できないことが、人事管理の歴史から、はっきりとしている。

それよりも、次の「**先勝後戦**」の追求は、きわめて重要であり、難しいが、それを真剣に心がけるだけでも、効果的な方法となろう。

孫子に「先勝後戦」ということばがある。まず勝ち、しかる後に戦うという意味だ。……とすれば、競争に強い体質をつくるには、まず勝たせて従業員を育てなければならない。

勝ち方に関してもっていなければならない第二の信念は、「つづけて勝たなければ本当の勝ち方はわからない」ということである。

一回限り勝つというのは、フロックかもしれないし、偶然かもしれない。少なくとも、これは、長期的、継続的な勝ち方とは直接の関係がない。

田岡は、業績をあげている販売店の経営者は、注文をとってきた営業マンを心からほめており、業績が悪い販売店の経営者は、部下と業績を張り合うような、批判的言動をなす事を指摘した。また、精神論の限界と、勝つための仕組みの開発について、次のように論じた。

今日のような複雑な市場機構のなかにあっては、精神論や根性論を土台にしたような販売努力だけが、決して勝つための条件なのではない。

連続的に勝つということのなかには、原則、ルール、基本というものが厳然として存在する。販売競争においても、その原則、ルール、基本というものが何であるかを明確にあみ出さなければ、システムというものはでてこない。

8章 現実と戦う

1 破棄を想定するアメリカ軍の計画

アメリカ軍は、いくつもの国にまたがる広範な地域に対する、大規模な軍事行動を想定した統合作戦計画を作成している。

それには、時間をかけ、じっくり情報を集め、分析して作成する「**熟慮計画**（デリベレート・プラン）」と、短時間で作成する「**危機対応計画**（クライシス・アクション・プラン）」がある。

「熟慮計画が想定したとおりの事態が発生することはありえない」とされ、危機が発生しそうになったら、熟慮計画をたたき台にして、危機対応計画を作成する。

また、熟慮計画も危機対応計画も、変化に対応して、随時、修正されるだけでなく、既述のとおり、「**破棄されるまで有効**」と明記され、破棄を想定している。

さらに、武力行使にあたっては、前線への戦力投入を優先し、補給などを後から強化していく「**強制的戦力投入**（フォーシブル・エントリー）」と、補給などをしっかりと整えた上で戦う「**管理展開**（アドミニストレイティブ・ディプロイメント）」のいずれかを選択する。

その構図は、次のとおりである。

統合作戦計画（熟慮計画）→危機対応計画→強制的戦力投入か管理展開を選択。

［cf］陸上自衛隊幹部学校資料

［2］アメリカ軍の強制的戦力投入

田岡は、計画という言葉を、唯一、太平洋戦争でのアメリカ軍の上陸作戦を引用するさいに用いているが、そこで紹介されている計画は、熟慮計画と危機対応計画と管理展開である。

アメリカ軍は、圧倒的な戦力の優勢を保持していたために、また、日本軍が反攻する余力が残っていなかったため、準備にじっくりと時間をかけることができ、かつ、管理展開を実施したのである。

だが、いつもアメリカ軍は、管理展開を実施するとは限らず、圧倒的な戦力をもっていても、状況の急変により、強制的戦力投入を実行することがある。

２００３年のイラク進攻がそれである。

イラク軍が、イラク南部のルメイラ油田の爆破準備に着手したとの緊急情報を現地諜報員から入手したフランクス司令官は、爆破阻止のため、当初計画していた、イラク南部のイラク軍への1週間にわたる事前空爆後の進攻という計画をただちに破棄し、一気に、地上軍をイラク領へ突入させた。

それも、武器は、はるかに劣悪だが、数十万に及ぶと推定されるイラク軍に対し、12万の兵力を。

当初、その無謀さが批判され、また、補給が追いつかず、日本のメディアはそれをテレビなどでクローズアップして揶揄したが、そんなことは覚悟の上での決断であり、行動だったのである。

そこに、アメリカ軍の恐ろしさがあり、また、計画を熱心に作成するが、それを一瞬で破棄する、真の戦略発想をみいだすことができる。

3 統合作戦計画の作成

アメリカ軍の計画の最上位に位置する「**統合作戦計画**」は、「**導入→作戦構想の作成→計画の作成→計画審査→支援計画**」といった5つの段階を経て作成される。

そのうちの3番目の計画の作成は、次の8つの段階を経て作成される。

❶**戦力計画の作成：作戦構想を実行するために利用できる戦力を確認し、時系列戦力展開データを作成する。**
❷**補給計画の作成：補給品、装備、補充兵員の必要量を、展開の各段階ごとに見積もる。**
❸**兵器使用等に関する計画**
❹**輸送計画の作成：補給品の輸送、整備を要する機材の後送、非戦闘員の救出、傷病兵の後送などの計画作成。**
❺**欠格事項の見直し**
❻**輸送可能性の分析：作戦計画が輸送面から実行可能か見直す。**
❼**戦力展開データの最終調整**
❽**計画の文書化**

4 統合作戦計画の審査基準

まとめられた統合作戦計画原案は、統合参謀本部議長により、次の基準で審査され、最高司令官は、その意見に従って計画を修正して、確定する。

適合性：計画の範囲と構想が任務に適合し、仮定は妥当か。
実行可能性：使用可能な資源を使用して、任務を達成できるか。
整合性：統合ドクトリン（教義）と整合しているか。
受容性：予想される人的・物的・時間的コストが成果に見合い、法的・軍事的・政治的に受容可能か。

この審査基準は、企業、非営利組織、自治体、どの組織の、どんな決定でも、「軍事的・政治的」を「経営的・社会的」と読み替えれば使える。

何らかの決定をする場合、この順序で、議論を段階的にすすめていけば、議論の混乱をかなり回避できる。

また、計画の実行にこだわる計画至上主義は危険だが、計画を熟慮して作り、戦略のたたき台として用いるのは、戦略をつくる手間と時間を大きく減らし、戦略が場当たり的なものになる危険を軽減する。

5 ドクトリンは変えない

田岡は、既述のとおり、撤退の重要性を説き、占拠率の有効射程距離モデルやＢＣＧのＰＰＭを、その決定基準に用いることを説いている。

撤退とは、戦略を大きく変更することである。

その他、状況の変化に応じた決定の必要を、いろいろと論じている。

それも、戦略を変えることに、他ならない。

ところが、次のような記載がある。

アメリカでは、戦略のことを、「桃の種のごとし」といっているが、……

第二に、桃の種は、たたいてもなかなか割れないという意味を含んでいる。ということは、戦略はやたらに変わるものではないということだ。企業として、全体の意思統一ができており、いついかなる場合でも同一のコンセプトで動いている状態。固くて割れないというのは、そういう状態を指している。

これを、そのまま受け止めると、よほどのことがない限り、いったん決めた戦略は変えるなとなる。

これでは、計画至上主義と一緒である。

しかし、桃の種をたとえに使ったさいの戦略は、文脈からして、前掲の「アメリカ軍の統合作戦計画の審査基準」の「整合性：統合ドクトリンと整合しているか」にある、「**統合ドクトリン**」のことをいっていると判断できる。

ドクトリンは、教義と訳されるが、それは、それぞれの軍隊の、あらゆる戦略、戦術、戦いを貫く、絶対に守るべき価値観であり、理念である。

それに適合しなければ、勝算が高い戦略も却下されるのである。

核兵器や生物化学兵器を持たない、持っていても相手が使用するまでは使うな、勝つためには何でも使う……といったようなものである。

旧日本軍の『統帥要綱』の後に作られた『統帥参考』に明記された、敵に機先を制せられても、ひるまず、攻勢をかけよというのもドクトリンである。

いくら何でもこれはひどすぎると修正されたと仄聞《そくぶん》するが、部隊が、戦術核兵器の攻撃を受け、甚大な物理的、肉体的、精神的打撃をこうむっても、別命あるまで作戦行動を継続せよというドクトリンがアメリカ陸軍にはあった。

企業の場合なら、「浮利を追うな」、すなわち安易な金儲けをするなという住友の家訓もあれば、「法に触れないことは何でもやれ」というファンドもある。

「リスクをとってチャレンジせよ」も「リスクをとるな」もドクトリンである。

いずれにしても、そういったドクトリンは、簡単に変えるなということであり、戦略を変えるなということではない。

よい商品を、適正価格で売るか、徹底的に安く売ることを目指すか、売れるものは何でも扱うか、特定の商品の販売にこだわるかも、ドクトリンである。

そして、上場企業の脅威は、大口株主になったファンドが、目先の利益や株価上昇のためにドクトリンの大きな変更を迫ることである。

6 軍事的意思決定過程

意思決定論などで、時々、紹介されるのは、「軍事的意思決定過程（MDMP：ミリタリー・ディシジョン・メーキング・プロセス）」と呼ばれる、数千名（旅団クラス）から数万名（数個師団、方面軍）規模の作戦計画の策定手順である。

その概略は、次のとおりである。

上級司令部よりの任務の受領

←

任務の分析

←

ISR（諜報＝インテリジェンス、監視＝サーベイランス、偵察＝レコンナイサンス）

←

上級司令部からの情報の分析

←

味方と敵の可能性行動をいくつか列挙し、いくつかの行動方針を作成

←

行動可能性や行動方針の優劣を比較する（図上演習ウォーゲーム等）

←

最良の行動方針（オプティマム・コース・オブ・アクション）の選択
↓
作戦計画の作成
↓
配下の各部隊指揮官へのブリーフィング＆各個命令の下達
↓
バックブリーフィング：任務を、いかに達成するかを配下の指揮官に説明させる
↓
実行（エグゼクション）

これは作戦開始直前になされ、戦時には、数千名の旅団クラスで、任務の受領、すなわち命令を受けてから、配下の部隊指揮官への命令下達までの許容時間は16時間から20時間である。

ただし、これは「**熟慮作戦**（デリベレート・オペレーション）」の場合である。

時間的余裕がなければ「**緊急作戦**（ハスティ・オペレーション）」がとられる。

それは、「上級指揮官が、各個命令を用い、計画作成と準備の時間を犠牲にして作戦の実行速度を優先し、利用可能な部隊を指揮する作戦」と定義される。

7 計画ではなく、現実と戦え

アメリカ軍が、いかに計画にこだわらないかは、『ＦＭ５－０』に、次のとおりストレートに明記さ

れている。

作戦中は、予期せぬ脅威や好機が生じ、新たな計画が必要となる。

計画ではなく、現実と戦う。

敵と接触して、修正の必要のない計画はひとつもない。

以上は、ＰＤＣＡのＡ（アクト）を、計画達成のための行動の修正とし、計画の変更や破棄を想定せず、想定しても、好ましくないこととするＰＤＣＡサイクル論と正反対の考えである。

計画を大事にし、ＰＤＣＡサイクルで戦う発想は、カケラもないのである。

しかも、次のことまで記している。

他の条件が等しければ、用心深さによるエラーより、スピード、大胆さ、勢いによる誤りの方がましである。

時間を犠牲にし、敵の知識を深めることで、リスクが減るとは限らない。

8 OODAサイクルの高速回転

今日のアメリカ軍が追求しているのは、次のような、ＯＯＤＡサイクルである。

任務の分析（任務の目的を理解する）

←O＝オブザーブ（観察）：状況の変化、計画との乖離を観察・評価する。

←O＝オリエント（予想）：状況が今後どう変化するかを予想する。

←D＝ディサイド（決定）：予想にもとづいて、今後の行動を決定する。

←A＝アクト（実行）：決定した案を実行する（修正ではない！）

そして、『FM5－0』では、作戦レベルの上級指揮官に、次の要求をしている。

❶状況を評価し、作戦の進展を予測する。
❷好機を生かし、脅威に対抗するため、実施や修正の決定をする。
❸決定的な時期・場所に戦闘力を投入するよう、部隊の行動を指揮統制する。

［注］OODAサイクルに関しては中村好寿『最新・米軍式意思決定の技術』東洋経済新報社、2006年に詳しい。

9 要職につけてはいけない人々

経営計画や事業計画を立てることをもって成果とし、現実を見ずにPDCAサイクルにこだわる人間は、新たな仕事を命じられれば、手間ヒマかけて計画を作り、大きな権限や資金と多数の人間を要求する。

失敗すれば、それらの不足や、関係する社員や取引先の怠慢とかミスをあげつらうか、予想外の事態の発生を強調する。

彼らの最大の特徴は、「新しい試みで問題が発生すれば、問題をいかに解決するかを考えず、問題の発生を理由に試みを中止する」ところにある。

彼らは、**「戦いが嫌いな人々」**であり、権限と計画にこだわり、「決められたことしかやらない」のではなく、**「やれることしかやらない」**のである。

ただし、怠慢とは違い、**「やれることは熱心にやる」**人が多い。

そういった人々は、さしたる失敗をせず、そつなく、ほどほどの仕事をするため人事考課も悪くない。

その一方で、戦いを挑む人々は、大きな失敗をして、解雇や左遷の憂き目にあう確率が高い。

そこで、戦いの嫌いな人々が、企業の存続を左右するような意思決定にも関係する要職やトップに登用されることがある。

しかし、彼らに、戦いで必要となる決断や指揮はできない。

彼らは、得意な分野の管理には有能であっても、戦いには無能である。

また、戦う人間を、危険なトラブルメーカーとして排除していく。

おかげで、企業からチャレンジャブルな戦略も気風も消え去り、活動は停滞し、変化に対応できないようになる。

経営は戦いであり、戦いが嫌いな人間に、重要な意思決定をゆだねるのはタブーである。

ただし、戦いが嫌いではなくても、戦いの能力やセンスをもっていない人間は、さらに危険である。

それは、ちょっとした成功経験に自信をもってしまい、希望的観測に支配され、無謀な戦いにのめり込む人間である。

10 計画作成を成果と考える愚

計画や戦略の改廃は、強靱な精神力と思考力を必要とする。

特に、役員会でオーソライズされていたり、対外的に公表されていれば、面子へのこだわりもあって、ためらわれがちである。

そこに、計画に頼り、計画を基準に各部門、各社員を管理しようとする計画主義がまん延し、また、それを正当化し、促進するようなＰＤＣＡ論が流行する。

そういった計画主義は、「ものごとは思い通りに行く」とか、「なにごともがんばれば達成できる」という希望的観測の反映でもある。

もしくは、経営の難しさを知らないアマチュア発想の産物である。

成熟した安定的なマーケットを対象とする事業や商品でも、売上や利益の急減をもたらすような顧客ニーズの変化や新たなライバルの出現、さらには在来のライバルどうしの価格競争の激化などが発生する脅威につねにさらされている。

だのに、一度立てた年間計画や中長期の経営計画を変えようとせず、業績が計画どおりにあがらなければ、社員を叱責するだけで、計画を見直さないのは、自殺行為に等しい。

また、役所の計画には、誰が、この計画実行のための作業をするのか、さっぱりわからないものがある。

バーニーは、次のように論じているが、自社のセオリーを変更できない企業は、戦いが嫌いな人が要職を占めている企業であろう。

ホンダは、そのセオリーが誤っていることを学習し、迅速にセオリーを変更して成功に結びつける能力があった。

企業のなかには、その業界で競争するための自社のセオリーが誤っていると分かっていながら、それを変更する能力がなかったり、変更したがらなかったりする。

ランチェスター思考
競争戦略の基礎

各論

9章　ランチェスター法則
10章　目標とは何か
11章　集中とは何か
12章　市場占拠率の目標数値モデル
13章　シェア原則〈規模と範囲の経済〉
14章　占拠率の有効射程距離モデル
15章　グー・パー・チョキ理論
16章　マーケットの特定
終章　ランチェスター戦略をふりかえる

9章 ランチェスター法則

1 セインツの海戦

陸上戦闘で、敵軍を中央突破で分断して、二つに分かれた敵部隊を順繰りに攻撃する戦術が、少数側が多数側に勝つ可能性を生む戦術として、数千年前から知られていた。ニセ情報や陽動作戦で敵を分断するという戦術もある。

一方、海上戦闘では、正面からぶつかるとか、敵船隊と併走して戦うといった、単純な戦術がとられていた。

ところが、1782年、ロドニー卿率いる36隻のイギリス艦隊が、30隻のフランス艦隊とドミニカ近海で戦ったセインツの海戦で、フランス艦隊がイギリス艦隊をやりすごそうとした時に風向きが変わり、イギリス艦隊が、フランス艦隊のまん中に突っ込む形になった。

結果、フランス艦隊は2分割され、惨敗し、艦長6名を含む推定2000名以上が死傷し、艦隊司令官は捕虜になった。

イギリス艦隊の損害は、艦長2名を含む死傷1060名だった。

以後、イギリス海軍は、敵艦隊の中央に突入して艦列を分断し、後衛と戦い、次いで前衛と戦う「**中央突破戦術**」を用いるようになった。

これは、帆船時代には、特に効果的な戦術といえよう。

敵の前衛の帆船は、蒸気船と異なり、戦いに参加すべくUターンして戻ってくるまでに時間がかかり、その間に後衛の帆船を優勢な戦力で撃破できるのである。

2 トラファルガー沖海戦

1805年、ネルソン提督率いるイギリス艦隊27隻が、フランス・スペイン連合艦隊33隻とスペインのトラファルガー岬沖で戦った。

これは、ナポレオン戦争最大の海戦だったが、ネルソン提督は、周到な中央突破戦術をたてた。その行動と数値的な効果をシミュレーションした「ネルソンメモ」が残されている。

それより、実際に使えた隻数は少なかったが、それをもとに、イギリス艦隊は、12隻の風上艦隊と、15隻の風下艦隊に分け、風下艦隊で敵艦隊を分断し、両艦隊で、中央から後衛の船列に側面攻撃をかけて一方的に撃破してから、前衛の船列と戦った。

結果、ネルソン提督は戦死したが、劣勢なイギリス艦隊の沈没0、戦死1690人に対し、フランス・スペイン連合艦隊は沈没・捕獲23隻、逃走10隻、戦死（推定）4400人と、イギリス艦隊が圧勝した。

この海戦に、ランチェスターは注目し、その数理的分析をした。

3 フィスケの研究

1905年に、アメリカ海軍中佐フィスケの「アメリカ海軍政策」が、海軍機関誌に掲載された。そのなかに、艦隊の砲撃戦での戦力比と打撃効果の関係を、いくつかのパターンに分類して算出したシミュレーションが含まれていた。

これをランチェスターが知ったか否かは定かでないが、その結果は、後述するランチェスターの二次法則の計算結果と近似していた。

たとえば、戦力1000の艦隊が戦力700の艦隊と戦い続けた場合、少数側の残存戦力が0になった時の多数側の残存戦力は、ランチェスターの二次法則で算出すれば714となる。

これに対し、フィスケのシミュレーションでは683となっていた。

［cf］菊池宏『戦略基礎理論』内外出版、1980年

4 ランチェスター法則が発表された時代

ランチェスター戦略のベースとなったランチェスター法則は、航空技術者フレデリック・ランチェスターが、1914年にエンジニアリング誌に連載した論文と、それをまとめた『戦争における航空機』1916年で発表したものである。

1914年は、第一次大戦の開戦時であり、既述のとおり、フランス軍がすさまじい損害を西部戦線でこうむった年である。

１９１６年は、ソンムで、イギリス軍が、壊滅寸前の大打撃を受けた年である。その戦争は、１９１８年に、フランス、イギリス、ロシアなど連合国側の勝利に終わったが、その動員兵力４２１９万人に対して死傷・行方不明２２０６万人（戦死確認５１４万人）だった。一方、敗れたドイツなどの同盟国側は、動員兵力２２８５万人に対して死傷・行方不明１５４０万人（戦死確認３３９万人）であった。

連合国側の方が、同盟国側より、総兵力で１・８倍に達しながら、１・４倍もの死傷・行方不明者（戦死は１・５倍）をだす戦闘を続け、数的にも空前の戦死者をだしていたのである。

結果、軍人だけに戦争をまかせてはおけないとの世論がおこり、民間人による軍事研究も盛んとなった。

［cf］桑田悦『攻防の論理』原書房、１９９１年

［5］ランチェスター法則導出の経緯

田岡は、ランチェスターがランチェスター法則を導き出すに至った経緯を、次のとおり論じている。

彼は、（戦闘における）航空機の影響というものを証明するにあたって、戦闘の中で相対立する力関係を最終的に分析し、そこから、ランチェスターの第一法則、第二法則という有名な法則を導き出してきたのである。

そこで展開された重要なノウハウは、弱小な兵力が、非常に強力な軍隊を打ち破ることができるとしたなら、それはいかなる状況で可能かというものであった。それを数学的な測定により火力の集中とい

う概念であらわしたのである。

そして、ランチェスターの次の論述を抜粋、記載した。

戦争の理論と実際に関して、基礎的な考察というものを怠ってはならない。およそ戦略の根本における最も基本的な疑問というものは、集中に向けられなければならない。

同時に、陸軍であれ、海軍であれ、その主力戦力を作戦場面のなかの一点に集中するということのノウハウが、すべての戦略の中心におかれなければならない。集中の原則は、そのこと自体が戦略原則ではない。それは戦術的作戦に適応される部門であって、準科学的な性格を伴った物量的側面に求められる。

6 ランチェスター法則

「ランチェスター法則」は、両極端の戦闘形態を仮定した、2つの法則で構成される。

第1は、兵士たちが、ファランクス（装甲騎兵）のように、馬上で槍を突き出し、戦う相手を特定し、一対一の「**一騎打ち**」を展開する場合の法則である。

第2は、互いに機関銃で、相手の部隊に無差別に発砲するような集団戦闘、田岡が「**確率戦**」と呼ぶ戦闘の場合の法則である。

ちなみに、軍事的には、一騎打ちと確率戦は、次のように定義される。

一騎打ち：交戦は、個々の戦闘単位の1対1の戦闘から成り立つ。

確率戦：交戦は、一方の1戦闘単位に対する、他方の全単位による攻撃、および、その逆から成り立つ。

それらは、次の方程式であらわされる（兵力：兵士の数）。

ランチェスターの1次法則（一騎打ちの法則）：$m_0 - m = E(n_0 - n)$

ランチェスターの2次法則（確率戦の法則）：$m_0^2 - m^2 = E(n_0^2 - n^2)$

m_0：M軍の初期兵力、m：M軍の残存兵力

n_0：N軍の初期兵力、n：N軍の残存兵力

E：交換比（武器効率＝敵と味方の武器の性能比）

以上は、両軍の武器の性能が等しい場合、すなわち交換比E＝1で、M軍の方が兵力が大きい場合、次のようになることを示している。

一騎打ち：M軍の戦闘力＝m_0、N軍の戦闘力＝n_0

N軍が全滅するまで戦った場合のM軍の残存兵力　$m_0 - n_0$

確率戦：M軍の戦闘力＝m_0^2、N軍の戦闘力＝n_0^2

N軍が全滅するまで戦った場合のM軍の残存兵力　$\sqrt{m_0^2 - n_0^2}$

武器の性能が同じで、兵力100のM軍と、80のN軍が、N軍が全滅するまで戦ったなら、次の結果が得られる。

一騎打ちの場合

戦　闘　力：M軍＝100、N軍＝80
戦闘力比：100対80
M軍の残存兵力　100－80＝20
M軍の残存兵数は20となり、M軍もN軍も80名の損失をこうむる。

確率戦の場合

戦　闘　力：M軍＝100^2＝10000、N軍＝80^2＝6400
戦闘力比：100対64
M軍の残存兵力　$\sqrt{100^2-80^2}=\sqrt{3600}=60$
M軍の残存兵力は60となり、M軍の損失は40だがN軍は80の損失となる。

7 弱者の戦略、強者の戦略

ランチェスター法則によると……

一騎打ちの場合は、「**戦闘力＝武器の能力×兵力**」となり、武器の性能に差がなければ、両軍の戦闘力は、兵力に比例し、勝った側と敗れた側の損害は等しくなる。

一方、確率戦の場合は、「**戦闘力＝武器の能力×兵力^2**」となり、武器の性能に差がなければ、両軍の戦闘力は、兵力の二乗に比例し、勝った側は、敗れた側より、はるかに小さな損害で済む。

すなわち、確率戦の場合は、兵士の数のわずかの差が、戦闘力、ひいては損失や残存兵士数の大きな差となることを示したのである。

これは、一騎打ちの場合なら、兵力差を、兵士の士気や能力の向上でなんとかカバーできる場合でも、確率戦の場合は、カバーするのがはるかに困難になることを示している。

そこで、田岡は、次のように論じた。

敵・味方の損失比が双方の初期兵力数の二乗の比に規定されれば、兵力数の少ない方が圧倒的な損害をこうむるのは当然であって、ここに、近代戦を特徴づける第二法則型の戦いのすさまじさがあるといわなければならない。

これから、田岡は、企業の販売戦略では、自社の力の相対的な強弱に応じて、次の戦略をとるべきとし、ランチェスター戦略の基本とした。

弱者の戦略：局地戦を選ぶ／接近戦を展開する／一騎打ちを選ぶ／兵力の分散を避ける／敵に分散と見せかける陽動作戦をとる。

強者の戦略：確率戦に持ち込む／一騎打ちを避け、総合戦を展開する／接近戦を避け、間接的、遠隔的戦闘場面を作る／圧倒的な兵力による短期決戦を狙う／敵を分散させる誘導作戦をとる。

たとえば、大型量販店は、数万、十数万の地域を対象に、チラシを大量配布し、価格と品揃えを訴求し、その何割かを集客しようとする確率戦、強者の戦略をとる。

地域密着型の小型店は、半径４００～５００メートルに商圏を絞り込み、対面販売や御用聞きによる細やかな顧客対応をなす弱者の戦略で戦うのである。

なお、田岡は、これらの戦略の使い分けについて、次のように論じた。

「弱者の戦略」は、新しい商品を市場にだして参入する場合、新しい地域に出店する場合、あるいは新しいマーケットに参入する場合など、つねに新しいものの開発や参入の場合の基本的な発想の原点となるルールである。

「強者の戦略」は、成長の過程における先発組の基本的な戦略ということになろう。

また、弱者がどうがんばっても勝てない限界があることを示す数値が、ランチェスター法則をベースに、第二次世界大戦時に開発された「**ランチェスター戦略モデル式**」から導き出される。

この場合、弱者は、戦いを回避し、力を蓄えてから、改めて戦いを挑むか、戦いをあきらめて撤退しなければならないとされた。

また、強者は、弱者を、それだけ引き離しておくべきとした。

そのボーダーラインは、局地戦の場合で、力が「３対１」、確率戦の場合で、「$\sqrt{3}$対１」であるが、これは、「14章　占拠率の有効射程距離モデル」で説明する。

8 集中の威力、分散の危険

これまで紹介したランチェスター法則は、兵力に劣る側が、どうして優れた側に勝つかを示したものではなく、多勢に無勢、すなわち優勝劣敗の原理を定式化しただけのようにみえる。

しかし、それは、集団戦闘でも、戦い方次第では、弱者が、優れた強者に勝つ、劣勝優敗が可能なことを示す法則でもある。

たとえば、M軍の100を、中央突破や欺瞞《ぎまん》作戦（陽動作戦やニセ情報の流布など）で、M1軍50とM2軍50に分散させることができたとしよう。

この場合

N軍の戦闘力：$80^2=6400$

M軍の戦闘力：$50^2+50^2=5000$

そこで、N軍は、分散したM軍の2つの部隊を、順繰りに攻撃することで、次のとおり、兵数に優れるM軍に勝つことができる。

1回目の戦闘

N軍（80）×M1軍（50）

N軍残存兵力 $\sqrt{80^2-50^2} \fallingdotseq 62$　N軍損失18　M1軍損失50

2回目の戦闘

N軍（62）×M2軍（50）

N軍残存兵力 $\sqrt{62^2-50^2} \fallingdotseq 36$　N軍損失26　M2軍損失50

合計　N軍損失44　M軍損失100

兵力80のN軍が、兵力100のM軍と戦っても、損失を44にとどめて、M軍の100を全滅させ、36の兵力を残存させるのである。

これは、ネルソン提督など、当時のイギリス海軍の敵艦隊分断戦術の威力、ひいては、トラファルガー海戦圧勝の根拠を示すものでもある。

この法則が作用し、おまけに、イギリス艦隊の個々の艦の戦闘能力、すなわち交換比Eが大きかったのであるから、艦の数の劣勢をはねかえして、圧勝したという理屈が成り立つのである。

このように、ランチェスター法則は、「**集中の威力と分散の危険**」を示す。

そして、これは、ランチェスター戦略に含まれるあらゆる戦略、戦術の考えのベースとなっている。

「**集中の追求、分散の回避**」こそ、勝算を高め、破滅を回避するための、ランチェスター思考の根本であり、戦略、戦術の鉄則である。

9　分割強要

ランチェスター法則の研究において、菊池は、『戦略基礎理論』1980年で、兵力に劣る側が、優れる側に勝った理由として、奇襲以外に、次のとおり、先制、誤判断、分割強要、決戦要素を指摘した。

先　　制：敵の弱点への先制攻撃で敵をパニックにおとしいれる。
誤 判 断：陽動、けん制、にせ情報の流布などで敵に誤判断させる（持久戦で、よく使われる方法）。
分割強要：敵戦力を分散、分断する。
決戦要素：指揮官や兵隊の能力や、武器の性能が圧倒的にすぐれていた。

ランチェスター法則は、このうち、分割強要の威力を示すが、菊池は、**「誤判断と分割強要は、指揮官の無能や情報不足により、自分のほうからやってしまうことがある」**ことを指摘した。

企業の場合なら、業界や地域でトップクラスの大企業や中堅企業が、その利益と信用で調達した資金、そして人材を、様々な新規事業に投入して、自分から戦力を分散、分断することがよくある。

結果、本業の顧客をライバル企業にどんどんとられ、新規事業の多くもうまくいかず、つぶれる。

なお、**「陽動」**とは、敵を誘い出す、側面や背後を攻撃して敵をかく乱する、自軍の規模や意図や行動を誤判断させるために、部隊の一部を動かしたり、攻撃することである。

英語では**フェイント**といい、ボクシングでは、腹を打つとみせかけてアゴを打つなど、おなじみの手口である。

10　ランチェスター法則の妥当性

ランチェスター法則は、戦闘の形態、及び、武器の性能と兵力のみを説明変数として、戦闘力と損害を算定する方程式であり、勝敗に影響する他の多数の要素の影響を一定として、開発されたものである。

そこで、ランチェスター法則は役に立たないと論じる軍人もいる。
それが当たっていれば、ランチェスター戦略も、破綻する。
しかし、菊池は、次の反論をした（要点を抜粋し、箇条書きにした）。

❶単純かつ明快で、しかも現象の本質をよくとらえうるモデルこそ、実は優れたモデルである。

❷戦略は、常に、社会現象の本質に関する闘争理論とその実践であり、本質に迫る原理的単純は、いくつかの法則によって成り立つと直感されており、大別して、社会闘争現象の科学的純理論と現実の情勢に適応する技能的理論とからなると考えられる。

❸ランチェスターは、交戦様態の極限を2つのモデルによって区分した。

……実際の交戦様態は、この両モデルの中間にあるのかもしれない。次に、ある軍隊の個々の戦闘単位を見ると、それは装備、技能、指揮等に違いがあるのが一般的であり、その両軍の交戦の推移はきわめて複雑で、予測は困難である。しかしながら、もし、兵力数以外の因子、すなわち、装備、能力、兵力運用の巧拙、指揮、技能及び自然環境等のもつ影響を総括して1つのパラメータ（交換比）によって代表させることができるなら、交戦による兵力の損耗過程を平均値的に把握することによって、決定論的理論が展開されよう。

陸上自衛隊幹部学校研究員小木曾文夫（二等陸佐：当時）は、「ランチェスター交戦理論適用の一考察」『陸戦研究1970年3月号』で、「交戦状態を経験や勘だけでながめるばかりでなく、幅広く理論的につめていこうとする問題意識を認識した」と述べ、実戦に適用するための、さらなる研究を訴えた。

以上のとおりであるが、問題は、ランチェスター法則は、「単純かつ明快で、しかも現象の本質をよくとらえるモデルこそ、実は優れたモデルである」という菊池の論に、同意するか否かである。

同意しなければ、用いなければよい。

11 まず使ってみる

例外のないルールはないと言われる。

私自身、あるリゾートホテル再建のさい、3対20の戦力比で、地域マーケット参入戦で勝ったこともあれば、商品販売競争で、8対1で負けたこともある。

前者は、地域ナンバーワンのライバル企業のトップが、当方を誹謗中傷して、逆に、顧客の不信をかってしまったことと、対抗のために切り札にしたサービスに気づかず、気づけば簡単に対抗できることを実行しなかったことと、当方は、後発の強みで、ライバル企業が、どういった活動を展開しているかを調べることができ、その方法や弱点を知ることができたからである。

後者は、相手がもつ強力な販売チャネルを、人的関係により、どうしても切り崩せなかったことと、焦って、不良販売チャネルにアクセスし、不信と値崩れを招いてしまったこと、そして、不適切な販売目標の設定と威圧的な指揮により、営業マンのやる気をなくさせてしまったことによる。

企業、さらには非営利組織の競争のありようは、組織内外の様々な要素に影響され、千差万別であり、単純な法則では割り切れるものではない。

軍事でも、圧倒的な力を持っているアメリカ軍が、ベトナムで敗退し、イラクで苦戦している。

しかし、ランチェスター法則と、そこから導出される戦略や目標値は、客観的に、理論と現実の乖離を認識させ、より合理的な戦略の策定や、戦略の見直しの基軸を提供するものと実感している。

また、それは、ものごとを評価する「ものさし」となり、自身やライバルの力関係を測定するのにも、大変、便利なものである。

これを用いて、戦略を考え、行動するのと、これを知らないのとでは、大違いである。

まず使ってみる、そこに、これまで見えなかった現実が見え、思いつかなかった戦略が生まれ、持続可能性が向上すると思う。

それは、難しいことを、難しいと思わずにチャレンジすることによる破滅を回避することや、ものにできないと思っていたチャンスを、ものにすることにも貢献するであろう。

10章 目標とは何か

1 目標の意味

アメリカ陸軍の「戦いの9原則」では、目標の原則が真っ先に記され、次が集中の原則である。目標を決めなければ、集中もできないから、当然であるが、改めて、9原則のうちのトップスリーの原則を記そう。

❶目標：あらゆる行動を、明確で決定的な目標に指向せよ。
❷集中：緊要な時期と場所に戦闘力を集中せよ。
❸攻勢：主導性を維持し、保持し、さらにこれを拡大せよ。

これは、ランチェスター法則からも導出される原則でもあり、ランチェスター戦略のベースとなっている原則である。

他の原則も大事であるが、まず、その3原則を実行できなければ、いくら警戒や節用に励んでも、勝利はおぼつかず、企業であれ、非営利組織であれ、競争から脱落し、自滅していく。

ここでの「**目標**」は、戦う相手であり、数値目標、すなわち目標値ではない。

それは、オブジェクト、すなわち対象物である。

企業の場合は、売上、利益、マーケットシェア率といった数値目標ではなく、商品を購入する顧客であり、非営利組織の場合は、その活動資金や労力を提供するボランティアや、サービスの提供先である。

そして、ライバル企業が、組織が確保している、もしくは、確保しようとしている顧客やボランティアなどを目標とする場合、そこに戦いが生まれる。

また、ライバル企業が、自分の顧客やボランティアを奪取することを目標とする場合も、戦いが生まれる。

前者を「**攻撃**」、後者を「**防御**」という。

田岡は、「**狙いは誰か**」という節をもうけ、「**誰が顧客なのか、誰に対象を絞り込むのか**」と論じているが、この対象は、オブジェクト、すなわち目標である。

そして、次の2つの原則を提示し、そのための方法を論じた。

❶第1の原則は、顧客をどの層やユーザーに絞り込むのか、というターゲットの決め方に関するものである。

❷第2の原則は、セグメンテーションによる絞り込みである。

ここでのセグメンテーションとは、年齢とか所得といった属性別に、各商品を分類していくことである。そして、そのなかから、どういった層に、どういった商品を販売するかを絞り込むのである。

2 顧客のセグメンテーション

田岡は、イリノイ大学のベルの階層区分に従って、顧客のセグメンテーションを論じた（カッコ内の数字は構成比率）。

スキミング（上澄み）層（3〜4%、年収1000万以上）

❶ひとつのブランドや特定の企業に対する忠誠心があまりなく、八方美人的である。
❷モノを購入する動機は、使用価値が中心であり、所有価値で動かされることはあまりない。
❸グループ活動はあまり好きではないが、非常に限られたインフォーマルなグループでサークルをつくり、そのなかで情報交換をしあいながら、相互扶助的な活動で自らの地位を保っている。
❹価格に鈍感な層であり、価格だけでは動かない。
❺キーマンとよばれる購買決定者の数が複数であり、購入の意思決定のためのプロセスやシステムができあがっている。

イノベーター（革新）層（10〜15%）……あつかいにくいグループ

❶知識欲が強く、それだけに商品知識が豊富であり、とくに新商品への関心、技術講習会などへの関心は非常に高い。
❷それでいて行動はきわめて保守的であり、一匹狼的で集団的ではなく、会合などへの出席率はかならずしもよくない。

❸最高級品指向がありながら、価格には敏感である。また、敏感でありながら、体裁上、あまり敏感でないふりをする。
❹オピニオンリーダーとかマーケットリーダーと呼ばれる人たちの中心層で、流行にも強い関心を持っている。
❺「先買い層」とも呼ばれ、新製品が登場すると、何でも、真っ先に買いたがる……新商品の導入にとっては、最も重要なグループ。

フォロアー（追随）層（30～35%）……中間的、平均的であるのに満足

❶他動的に購買する層。周りが買うようになると、自分も買いたくなる。その動きは集団的。
❷オピニオンリーダーやマーケットリーダーに影響されやすく、流行の中心的な担い手となる。
❸催し物、パーティなどの集団的な会合やイベントを好む。一種のお祭り騒ぎ的な雰囲気が好き。
❹好況期には上の層に引きずられ、不況期には、その影響（所得の低下）をうけ、下の浸透層にひきずられることが多い。
❺それだけに価格には敏感であり、割賦販売やローン、クレジットカードの利用にもきわめてオープンで、その利用者の中心的な層を形成している。

ペネトレーション（浸透）層（40～45%、年収300万以下）

❶価格に最も敏感であり、割引、特売といった催し物に関心が高い。
❷インセンティブにのりやすく、景品つきを好む。また、インセンティブのアイデアに左右される傾向が強い。

❸ブランド志向力は弱く、アイデアや催し物、あるいは後光効果として利用されるタレントなどに左右されやすい。

そして、田岡は、「最高級品販売の場合」、「市場開拓をする場合」、「顧客がリストアップできる場合」、それに「大量販売を狙う場合」の、顧客層別の対応、顧客層の拡大策、価格政策などを論じた。

このような顧客層の分類と、それに関連する議論には、さまざまなものがあるが、この分類は、今日も通用する。

また、スキミング層やイノベーター層へのアピールの重要性を説くだけで、それをいかになし、以後、いかなる展開をするかに言及せぬ論が、最近も見受けられるが、それらより、はるかに役に立つはずである。

3 組織のナンバー2を目標とする

顧客開拓で最も難しいのは、法人の新規開拓であろう。

これについて、田岡は、次のように論じている。

（新規開拓のさいは）攻撃の主体をナンバー2に集中していくわけだが、新規開拓の成功例としては、この攻撃法による場合が、分析の結果、確率的には非常に高い。

ようは、仕入や購買に、実際に大きな影響力を与えるキーマンにアクセスすれば、成功確率が高く、そうでなければ低いということである。

これは、法人開拓活動の常識でもあるが、意外と守られておらず、トップの攻略にこだわるとか、末端の影響力のない窓口担当者のところに日参する者が多い。

とにかく、適切な目標を選び、的外れな目標を選ばないというのが、戦略策定の最重要課題である。

4 目標は顧客

正しい目標の決定は、意外と難しく、的外れな目標により、無駄な努力、さらには危険な行動を見受けることがある。

そこで、以下、本章では、田岡の論から独立して、ここ10年ほどの観察をもとに、目標について論じよう。

軍隊の目標は敵軍であるが、企業の目標はライバルの企業や商品ではなく顧客である。

ライバル商品との比較は重要であるが、ライバル商品より優れた機能やデザインをもつ商品を開発しても、それが顧客にアピールする保証はない。

ライバル企業がやっているという理由だけで、品質、機能、品揃えなどの競争に励んでも、それが売上につながらず、大きな損失をこうむることもある。

ライバル企業より優れた商品を開発することは目的ではなく、目的を達成する手段のひとつにすぎない。

これを勘違いすると、ライバル企業の動向ばかりをマークし、顧客ニーズを見失なう危険をもたらす。

ビジネスは、どういったニーズに対応するかを明確にし、そのニーズをもつ顧客を目標とした商品を開発し、採算がとれるように販売する作業である。

たとえば、**懐メロ**へのニーズは中高年男性にかたよっているが、彼らの多くはレコード店にいかなかった。

そこで懐メロのCDは通信販売や駅構内などで販売されてきた。

マンションは近隣・周辺地域の住民が主な購入層となり、それらの住居の郵便箱へのチラシのポスティング（投函）や電話勧誘が重視される。

ファストフード店は、早く安く食事をすませたいという学生やサラリーマンにアピールした。

即席麺では、カップ麺は若者、ドンブリ麺は中年、袋入り麺は主婦が主目標と聞いたが、それぞれにアピールする味付けや広告がなされる。

特に、主婦向けのインスタント食品には、主婦のプライドを損なわないために、一手間かけて美味しく食べる調理法が付記されるとのことである。

甘い缶コーヒーの場合、顧客の2割前後が1日に何本も飲み、売上の8割を占めるという。

その2割の顧客は「甘い缶コーヒー中毒」ではないかと思うが、業界では**ヘビーユーザー**と言っている。

その主力は20~40歳代の男性で、学生やブルーカラーが多い。

そこで、彼らの共感を呼ぶようなタレントのユーモラスないしパワフルな演出のテレビコマーシャルが放映される。

企業の役員や、デスクワークに励むホワイトカラーを皮肉るようなコマーシャルが流されたのは、それが8割の顧客にアピールすると考えられたことと、企業の役員やホワイトカラーが顧客の対象外であったからであろう。

5 目標の追加

全く想定していなかった顧客層にヒットする商品もある。

1990年代後半、ババシャツと呼ばれる、保温性に富む中高年向け女性用肌着が、若い女性にも急速に普及した。

それが若い女性向けのおしゃれなババシャツの開発につながり、ババシャツの売上を大きく伸ばし、類似した肌着のない欧米でも売れるようになった。

顧客層を絞り込んだ商品がめりはりの利いた商品となり、幅広い顧客層に売れることがある。

その代表はアサヒビールのスーパードライであろう。

これは、30歳代前半の男性層を主目標とし、宣伝でもその兄貴分的キャラクターの男性を起用した。

その味が他の顧客層にもアピールし、アサヒビールとキリンビールのビールのシェアは1986年に10％対63％であったが、2002年には38％対36％となった。

もちろんスーパードライの成功理由はそれだけでない。

コクがあってキレがあり、おまけに辛口（ドライ）という相矛盾する要素を両立させる酵母菌を発見した研究開発努力。

住友銀行よりきた樋口廣太郎の果敢な積極投資と強力なリーダーシップ。

その発売以前の生ビール、スタイニーの販売から得られた感触とデータをふまえた販売戦略。

スーパードライの右肩上がりの増勢を年末年始になるたびにくじいていたキリンビールの強力な季節ビール排除のための陽動作戦をはじめとする、あの手この手の作戦の企画・実行。

それらを企画し、指揮統率する優れた幹部の存在。
そして、その指揮に従って必死になって任務を遂行した社員の努力。
その一方でのキリンビールの甘い対応など、数多くの条件がみたされた希有な事例といえよう。

6 セブン-イレブンの顧客拡大

コンビニエンス・ストアー（以下、コンビニという）は日用品を定価で売るのに成功してきた。その理由として10%程度の価格差に敏感ではない独身男性を目標とし、彼らの日用品ニーズをひととおりみたす品揃えをし欠品させないことや、彼らが気楽に何のてらいもなく入店できる小売業態が他にないことなどが指摘されている。

そのなかで、**セブン-イレブン**は競合各社より平均して1店舗あたり40～50%高い売上をあげている。その理由はいくつもあろうが、特に大きな理由は調理済み食品と呼ばれる弁当や総菜を、独自性を打ち出せる唯一の戦略商品と位置づけ、１９８０年代後半から、自社向け専門工場の展開などで魅力ある調理済み食品の開発・生産・販売のノウハウとシステムの開発を愚直に積み上げてきたためであろう。

そして、セブン-イレブンは、テレビ宣伝などで、ひたすら調理済み食品を宣伝してきた。

これに対しローソンやファミリーマートなどは、イメージ広告や景品キャンペーンなどが多かった。

セブン-イレブンの調理済み食品の品質の向上は、独身男性だけでなく女性や他の年代の人々への売上を増大させた。

これに対応して、セブン-イレブンはローカロリーや、より高額の調理済み食品も開発・販売し、顧客層を拡大していった。

一方、そういった顧客層の拡大を見て、それに一度は追随しながら、安価な独身層向け弁当を主力とする方針に戻るコンビニも出現した。

そのような顧客の絞り込みは、せっかく出現した顧客層の切り捨てとなり、その顧客は他のコンビニへ向かうであろう。

目標とする顧客層を絞り込むことは大事であるが、ただ絞り込めばよいというものではなく、また顧客層を増やしてゆくことも大事である。

そこそこ実売の裏づけがある顧客層を目標に加え、自らの力量に応じて、その層にアピールする商品を開発、販売していくのは、**範囲の経済**（13章で説明する）が成立する限り、堅実な戦略である。

経営では、目標がいくつあろうと、それが実売の実績を伴い、積極的に攻略すればさらなる売上や利益をもたらす確度が高い限り何の問題もない。

そういった目標の追加は「**主導性を維持し、保持し、さらにこれを拡大せよ**」という「**攻勢の原則**」の実行である。

自らの力量で対応しきれないほど目標を増やすのは、軍事でいうところの「**攻勢限界線の越境**」となり危険である。

しかし、その危険を犯さない範囲での目標の追加は、持続可能性を高めるものである。

7 ミッドウェイ海戦の敗因

経営論のなかに、太平洋戦争の**ミッドウェイ海戦**で、ミッドウェイ島占領とアメリカ空母機動部隊の撃破という2つの目標の達成を狙った日本海軍が惨敗した事例を引き合いに出して、複数の目標を狙うことの危険を説くものもある。

しかし、惨敗の主因が2つの目標の同時攻略のためとは思えない。主因は、AFと表現した日本軍の暗号が、アメリカ軍の巧妙なトリックプレイにより、ミッドウェイであることが見抜かれ、日本軍の意図と動静が知られたこと。

それに、日本軍の空母機動部隊を襲ったアメリカ軍の二波にわたる雷撃部隊が全滅したのに、第三次攻撃を敢行したアメリカ軍のすさまじい敢闘精神と、爆装転換中というアメリカ軍も予期していなかった絶妙のタイミングに第三次攻撃がなされたことにあると思う。

アメリカ空軍大学先任研究員マッカイザックは、「幸運と勇気が重なって日本空母4隻を撃沈できた」と、パレット編『現代戦略思想の系譜』1986年の所収論文「大空からの声」で、論じている。

8 代理購買の壁

目標は顧客と言ったが、ここでは「**顧客**」を、商品の購入を決定する人間とする。商品を用いる人間を「**ユーザー**」とする。

なぜなら購入する人間と用いる人間が異なる場合が大変に多いからである。

このような購買行動を「**代理購買**」という。

その対象となる商品でユーザーを目標とすれば、的はずれの戦略となる。

たとえば、**既婚男性の肌着**の多くは主婦により購入される。

おかげで安くて丈夫な白い男性用肌着がよく売れ、ファッショナブルで高めの男性用肌着はさして売れない（最近、この傾向に変化がでてきたとの説もある）。

このような「**一定の品質と機能があれば価格は安い方がよい**」という主婦の代理購買が、高付加価値高価格品を売るための大きな壁となっている。

また、**発泡酒**がビールの代わりに売れるようになったのは、主婦が発泡酒に切り替えて購入し、多くの亭主が我慢したからであろう。

主婦に代理購買されるような商品は、品質や機能をユーザーが大きな不満をもたない程度まで下げても、よく売れる可能性がある。

その主婦の主な購入決定要素は、**無難**（**安全・安心**）と**値頃感**（**もしくは割安感**）であろう。

この2つの要素を満たさなければ、亭主や子供が購入を希望しても、主婦に拒否権を発動される可能性が大である。

また、生活関連用品の多くは、主婦が独断で購入する。

団体旅行や**宴会**の場合は、その**幹事**の多くは、不満をもつ者を少なくするため、無難な場所や企画を優先し、自分の好みにはこだわらない。

そして、**予算の枠内**に収まらない限り、どんなに魅力的な企画も受け入れない。

このように、多数の人間が共に用いる商品の購買は、主婦の代理購買以上に、無難と値頃感が優先する。

9 発泡酒の顧客は主婦

数年前だが、テレビのビジネス番組で、中高年男性向けに少し高いビールが発売されたことが紹介されたさい、ゲストの有名エコノミストたちは、「数十円の違いなら美味しい方がよいから売れる」と発言したが、主婦経験のある女性キャスターは怪訝な顔つきをしていた。

女性キャスターの方がそのビールを売る難しさ、数十円の違いが購買行動に大きな影響を及ぼすことを経験的に知っていたのであろう。

経済学では消費行動の主体は**「家計（ハウスホールド）」**、すなわち家庭とされる。家族が消費する商品の売れ行きは主婦の価値観に強く影響され、亭主が家庭で飲むビールも主婦が選ぶことと、主婦は価格に敏感であることを考慮して発言するのがエコノミストというものであろう。

ちなみに、価格の変化に対して需要、すなわち売上がどのくらい変化するかを**価格弾力性**と呼ぶ。わずかの値下げ（値上げ）で売上が大きく増えれば（減れば）価格弾力性が高いといい、わずかしか増えなければ（減らなければ）価格弾力性が低いという。

これは同じ商品の場合だが、主婦が購入するような日用雑貨や飲食品は価格弾力性が高く、「高くても良ければ売れる」と具体的な根拠なしに思い込むのは危険である。

11章 集中とは何か

1 内線戦略

「集中」については、経営資源を集中させて、どこにも負けない優位性を確保するという「常時集中」の意味で用いている経営論が多い。

19世紀のはじめにナポレオンの参謀をしていたスイス人、ジョミニは、『戦争概論』1838年で、ナポレオンが勝った事例だけをもとに、次のように、常時集中の必要と威力を説いた。

できるかぎり大きな戦力を、結合された力として、決定的なポイントに向けて運動させよ。つねに、この不変の確立された原則、すなわち大量集中攻撃およびその持続という健全な原則にもとづかなければならない。

戦力を集中して**内線**を形成し、敵を外側、すなわち**外線**に分散させる形にし、集中した戦力で、分散した敵を順ぐりに撃破するのである。

そして、ジョミニは、そういった形勢に持ち込む戦略を、「必勝の戦略」とし、これに成功すれば、敵は、勝てないと判断して撤退ないし降伏することもあると論じた。

これは、「**内線戦略**」と呼ばれるが、「戦力をあらかじめ一個所に集中させて戦うことが勝利の鉄則」ということである。

〔2〕外線戦略

内線戦略論は、大変な戦績を残したナポレオンの威光と、その理論の単純明快さで一世を風靡し、軍事常識となった。

今日の経営関係の戦略論にも、同様のことを論じるものが、見受けられる。

ところが、1860年代、プロシアの参謀総長モルトケは、鉄道を駆使して軍隊を分散進撃させ、敵を複数方向から一斉に攻撃して撃破するという「**外線戦略**」で、デンマークやオーストリアに圧勝した。

さらに、1870年には、当時、世界最強の陸軍といわれ、内線戦略をとるフランス軍にも、同様の戦略で圧勝し、ナポレオン3世を捕虜にした。

ここに、ジョミニの内線戦略論は、ひっくり返された。

このように、部隊を分散させて機動的に動かし、集中した敵をいくつもの方向から攻撃する方法を「**分進合撃**《ぶんしんごうげき》」と呼ぶ。

モルトケの部下のメッケル少佐の薫陶を受けた日本陸軍の川上操六参謀次長は、日清戦争で、徒歩進軍で分進合撃を敢行した。

そして、分散による危機を幾度も切り抜け、平壌の清国軍を一斉に攻撃して勝ち、日本の勝利をもたらした。

そこで、軍事の場合、集中は、自軍の戦力を分散させて、多方面から一斉に攻撃するという「随時集中」の意味でも用いられる。

そのため、集中を「**緊要な時期と場所に戦闘力を集中せよ**」としている。

これは、常時集中が、大変な危険を招くことがあるためでもある。

ただし、随時集中を成功させるのは、簡単なことではない。

分散進軍している時に、敵に部隊を各個撃破されないだけの秘匿力や機動力、それに、多方向から一斉攻撃するための高度な指揮統制能力が必要となる。

基本的に……


外線戦略をとる場合、分散した部隊を各個撃破されれば敗れる。

内線戦略をとる場合、分散した敵部隊の各個撃破に失敗すれば敗れる。


ようは、ケース・バイ・ケースということである。

ジョミニの内線戦略論をくつがえしたモルトケの外線戦略は、軍事の世界へ大変なインパクトを与えたが、モルトケは、ジョミニと異なり、必勝の戦略はなく、戦略は、その時々の状況に応じてたてるしかないことを強調した。

ちなみに、第四次中東戦争では、イスラエルは、内線戦略で勝った。

3 **フォードの悲劇**

近代ビジネスのヒーローの一人、**ヘンリー・フォード**は、1908年に大衆向け乗用車**T型フォード**を開発し、作業の標準化とベルトコンベアーシステムによる大量生産で格安に生産した。以後、黒塗りのT型フォードは、単一車種で乗用車マーケットを席巻し、その台数シェアは55％に達した。

これに対し、1923年に、フォードの成功のおかげで破綻寸前の状況にあった**GM（ゼネラル・モーターズ）**の社長に就任した**アルフレッド・スローン**は、事業部制を構築し、各事業部が、ビュイック、シボレー、ポンティアック、キャデラックなどのブランドで、異なる顧客層を目標とする、デザイン、エンジンも異なった種類の乗用車を生産、販売し、色も何種類か選べるようにした。

GMは、乗用車へのニーズをもつ全ての顧客層、ひいてはフォードの全ての顧客層を目標とし、それを区分けして、それぞれの顧客層向けの乗用車を開発、販売したのである。

それは、GMが、単一車種の生産、販売に集中していたフォードを、その四方八方から攻撃するようなものである。

これは、れっきとした集中攻撃である。

ひとかたまりになって、目標に突進することだけが集中ではない。

戦力を分け、目標を四方八方から攻撃するのも集中である。

これにより、フォードは、顧客をどんどん奪われていき、「**フォードの悲劇**」といわれた。

1945年には、台数シェアは17％にまで低下し、日本軍の真珠湾攻撃によるアメリカの第二次世界大戦への参戦による軍事特需がなかったら、フォードはつぶれていたであろう。

4 初期段階で打撃する

ビジネスの世界では、細分化した顧客層への攻撃は、数ヵ月から数年かけて順次実行される波状攻撃が多いであろう。

そこで、攻撃される側は、最初の攻撃から、それがいかに小規模でも甘くみず、全力を尽くして撃退する必要がある。

フォードが敗れた主因は、GMに技術や資金力で対抗できなかったからではなく、GMのような方法はコストがかかりすぎ、管理も難しく、成功するはずがないと公言し、対抗努力を怠ったことにある。

GMの攻撃は、外線戦略ととらえることもでき、フォードとしては、GMが、全てのブランドの乗用車を揃える前に、いずれかのブランドに対抗する乗用車の開発、販売に全力を尽くし、各個撃破で、ひとつでも、ふたつでも、GMのブランドをつぶすべきであった。

ただし、モルトケを彷彿とさせるGMの大胆かつ周到な戦略と、それを実行するための組織の軋轢《あつれき》とのすさまじい戦いからすると、スローンはモンスターのようなものであり、フォードが対抗できるような相手ではなかったかもしれない。

「もてる経営資源を、ひとつのドメインに集中せよ」といった趣旨の主張が盛んである。

それは、ジョミニの内線戦略論と同様の発想のように感じるが、集中し、売上や利益があがるようになったところで、顧客層をさらに細分化した企業に攻撃されれば、顧客を、どんどん奪われる。

また、絞り込んだ顧客層が、さらに、A、B、C…と細分化でき、X社はA、Y社はBとC…といったように攻撃してくると、やはり、顧客は、どんどん奪われる。

集中とは、緊要な時期と場所に戦闘力を集中することである。

ひとつのドメインにこだわり、こり固まっていればよいというものではない。

それは、集中ではなく、ただの集合である。

5 集中出店方式の威力

セブン-イレブンは、ローソンやファミリーマートなどのように、全国にバラバラに店舗を展開せず、地域集中出店方式を貫いてきた。

それは、堅実な経営方針や物流の効率化などのためかもしれない。

しかし、それは、内線戦略的な集中ではなく、対象とする地域の他のコンビニだけでなく、同様の商品を扱う小売店もまとめて敵とみなし、外から一斉攻撃をかける外線戦略、分進合撃に近い効果を発揮していると思う。

また、武力で攻撃される危険を伴わないビジネスの世界では、そして、セブン-イレブンのように、高度な情報処理システムと指揮統制能力をもち、また、日用雑貨や加工食品、飲料品などの商品・物流管理システムにとどまらず、コンビニの戦略商品である調理済み食品の生産から販売に至る大変なノウハウとシステムをもつ企業にとっては、外線戦略は、極めて堅実で効果的な戦略となる。

裏を返せば、ライバルが出現すれば、総力を挙げて、初期段階で撃退しなければならない。

ただし、セブン-イレブンのような、周到に準備された分進合撃をかけるライバルへの対抗は極めて困難であろう。

ちなみに、分進合撃の発展形態が、**「包囲殲滅戦」**である。

多数の企業が存在する成熟マーケットや衰退マーケットでは、どの企業も、多くのライバル企業から、包囲殲滅戦を仕掛けられているようなものである。

これは、セブン‐イレブンとて同じことであろうが、それを戦う発想やノウハウにも優れており、コンビニのなかでは、他よりは格段に優位に立っていると思う。

6 自分から分散する企業が続出

「消費者のニーズが多様化し、大量生産・大量販売が通用する近代ビジネスの時代は終わった。これからは、個々の顧客の感性やニーズをつかみ、それを個別に満足させる商品を提供してゆかねば生き残れない。皆、自分の価値観にこだわり、自分だけのモノにこだわり、そういったモノなら高くても買う」といった趣旨の**顧客満足論**が、１９８０年代から盛んになった。

顧客を個客と表現して**個客満足論**と称されることもある。

それは、顧客層を絞り込むのではなく、顧客層を様々な要素で細分化し、それぞれの顧客層のニーズに対応した商品を開発、提供しようというものである。

小衆とか分衆というコンセプトが提唱され、多様な品揃えやブランドの開発を試みる会社が相次いだ。

このように、一人ないしごく少数の顧客を満足させる個客満足論は、田岡のいうセグメンテーションとは似て非なるものであり、分散の追求である。

そんな論の隆盛も、ランチェスター戦略への逆風となった。

とにかく、ビジネスや経営について、これまでの考えと反対のことを唱えるのが流行した時代であった。

そのような流行は、少数派を切り捨て、標準化による大量販売を追求する**近代ビジネス**への心情的反発の産物であるかもしれない。

だが、それは、近代ビジネスを超越するものではなく、大昔からあった**古代ビジネス**の域をでるものではない。

未だに、そういった論が根強く残っているが、実際には、売上は、一部の品種に集中し、生産や販売のコストが増加し、売れ残りの不良在庫が急増した。

その在庫は、定価の1～3割の価格でディスカウント業界に流れ、折からの円高によるアジアの新興工業地域からの開発輸入や欧米の高級ブランド品の並行輸入の急増とあいまって、**ディスカウント・ブーム**をあおる一因となった。

7 大量販売の一層の普及

1990年代の中頃には、いぜんとして**大量販売終焉論**と、個客満足論が盛んであったが、多くの企業は、商品の品種を減らして大量販売を追求する戦略に戻していった。

ビール業界では、一時は100種類を越すビールが生まれたが、種類を大きく絞り込み、各社とも、強い個性のあるタレントを使わず、広く好感が持たれるタレントか、老若男女を同時に登場させるテレビ宣伝をするようになった。

最近では、様々なブランドを開発し、社名よりブランド名を訴求していた資生堂も、ブランドを整理し、社名を前面に出す方針に切り替えた。

近代ビジネスの本質は、ニーズの多様化に、標準化で対応するものである。

ただし、全てには無理なので、対応できる範囲に顧客層を絞り込むのである。

それでも、それは、大変に難しい判断と努力を必要とする。

その難しさにいかにチャレンジし、売上をあげ、利益をあげるかが、多くの会社が存亡をかけて追求しているテーマである。

多様化に個別に対応せよという主張は、その難しさ、ひいては近代ビジネスからの逃避である。

また、現実も、大量販売終焉論と正反対に動いた。

ハンバーガーなどのファストフードの飲食店からコンビニエンス・ストアーまで、品揃えを絞り込み、店舗やサービスを標準化し、大量販売を追求する**フランチャイズ・チェーン**が、すごい勢いで展開されてきた。

高級衣料など、高額品分野も、標準化されたブランド品が席巻した。

大量販売を追求する企業が、つぶれたり、業績を低迷させると、大量販売の終焉を示す証拠のように論じられることもあるが、それは、大量販売を追求する近代ビジネスにたずさわる企業どうしの競争に負けたか、近代ビジネスを展開する能力自体を欠いていたためである。

「8」大量販売の難しさの克服

消費財メーカーも、日用雑貨品から家電製品や自動車のような高額の耐久消費財まで、品種こそ増やしたかもしれないが、個々の顧客のニーズに対応するにはほど遠く、顧客は、限られた機能、デザイン、色の組み合わせのなかから商品を選ぶことしかできない。

近代ビジネスは、標準化した商品の大量販売を追求するが、その標準化とは商品を一種類に統一してしまうものではない。

何万、何億種類あろうと、それが標準化されている場合もある。

ある評論家が、「トヨタは、エンジン、ボディ、シート、その他の様々なパーツを組み合わせることで、1億種類以上の乗用車を作ることができ、消費者一人一人のニーズをみたすことができる」と絶賛していたが、それは勘違いである。

乗用車が欲しい場合、ボディでも、エンジンでも、ほんの数種類から選ぶことしかできない。

トヨタであれ、ホンダであれ、そのすごさは、多くの人々にアピールする乗用車を開発しているところにある。

それは、大量販売に成功している会社の全てに共通するすごさである。

9 さらに勢いを増す近代ビジネス

近代ビジネスが追求するのは大量販売である。

そこで、「たくさん売れる商品がよい商品」となる。

少ししか売れない商品は、それが、どれだけの努力を投じて作られたものでも悪い商品であり、「**死に筋**」というひどい烙印を押されてカットされる。

この傾向は、メーカーより流通業のほうが強い。

ある有力量販店のトップが、「新しい商品が、もっとどんどんでてくればよいですね」という取材記者の問いかけに、「うちが欲しいのは、売れる商品だけです」と答えていた。

そして、たくさん売れている商品が、「**ゴールデンライン**」と呼ばれる、一番目立つ、目の高さの棚に並べられる。

さして売れない商品は、どんどん排除される。

スーパー・マーケットでは、ぼう大な種類の商品が並べられ、様々なメーカーの様々な商品が陳列されているように見えるが、それぞれの商品分野ごとの棚のスペースは限られており、そのなかで激しい生き残り競争が繰り広げられている。

今日、大量販売を追求する近代ビジネスは、終焉するどころか、ますます勢いを増し、企業を、さらに激しい競争に駆り立て、「**集中と標準化の巧拙**」が、企業の命運を左右する状況が続いているのである。

12章 市場占拠率の目標数値モデル

1 ランチェスター戦略モデル式

ランチェスター法則は、「戦闘形態」、「初期兵力の多少」、「武器の性能の優劣」が、残存兵力ひいては損害にいかなる影響を及ぼすかを算定するものである。

しかし、実際の戦闘では、戦闘力は、武器弾薬の補給力などにも影響される。それは、国の生産力の反映でもあり、「**戦略力**」ともいえる。

これに対し、戦っている部隊自体の強さは、「**戦術力**」ともいえる。

そこで、全戦闘力は、戦略力と戦術力の合計と考えることができ、また、それらは、敵味方とも変化していき、また、互いに、それらの変化に影響されあって変化していく。

そこで、戦術力の損失と戦略力の減少を示す各比例定数の間の相互関係を微分方程式とし、ゲームの理論の最大・最小原則の適用で、敵味方の損害が均衡する状態を公式化したのが、「**ランチェスター戦略モデル式**（ランチェスターズ・ストラテジック・エキュエーションズ）」である。

これは、1942年にアメリカ海軍省が結成した、コロンビア大学のクープマンをはじめとするオペレーション・リサーチ・チームにより開発され、クープマン『戦闘の数理的側面』１９４３年で発表されたものである。

それは、次のことを示唆した。

❶最小の損害で最大の戦果をあげるには、全戦闘力の1／3を戦術力に、2／3を戦略力に配分する必要がある。

❷戦術力が3対1以上（正確には73・88対26・12以上）開けば、兵力少数側は勝てない。

❸戦闘領域を100％制圧せずとも、占有率が73・88％以上に達すれば、敵は「対抗活力」を失い、勝利と同等の効果をあげることができる。

❹占有率が41・70％以上であれば、敵と互角の拮抗状態になる。

❺26・12％を切れば、「対抗活力」を失い、敗北同然になる。

これをもとに、菊池宏は、『戦略基礎理論』１９８０年で、次のように論じた。

敵の侵略による占有率を42％に達しないように、わが空間的領域を維持し続けることが、わが活力を維持し続ける手段目安であり、けっして多くとも74％の占領を敵に許してはならぬということを意味する。

［注］ランチェスター戦略方程式については、佐藤總夫『自然の数理と社会の数理Ｉ』１９８４年に記述されている。

2 市場占拠率の目標数値モデル

田岡は、ランチェスター戦略モデル式から導出される数値をもとに、次の「市場占拠率の目標数値モデル」を提起した。

❶上限目標値 74%：絶対的な独走状態。
❷安定目標値 42%：安定的な強者の位置。独走態勢に入る。
❸下限目標値 26%：弱者と強者の境目。トップになることもあるが不安定。
❹上位目標値 19%：弱者のなかの相対的強者。伸びるか、落ちるか不安定。
❺影響目標値 11%：存在がマーケット動向に影響を与え、注目される。
❻存在目標値 7%：存在が競合社として認められる。
❼拠点目標値 3%：存在自体が無視されるが、なんとか存在できる。
（小数点以下、四捨五入）

この目標値の上位3つは、ランチェスター戦略モデル式から算出される数値である。

だが、2つの軍隊が戦う戦場と異なり、ビジネスの世界では、同じマーケットで多数の企業が競合し、トップ企業でも、26%以上のシェアを獲得している事例はきわめて少ない。

そこで、田岡は、下限目標値26%に、74%、42%、26%を、それぞれ乗じ、19%、11%、7%という数値を算出し、さらに3%を加えたのである。

そして、「現在のマーケットシェア率のすぐ上のマーケットシェア率」の達成を中長期的な目標とすべきとしたのである。

市場占拠率の目標数値モデルが、多くのトップやミドルの実感と乖離したものであれば、ランチェスター戦略に関する一連の著作は、並のベストセラーにとどまり、当時の有力な経営者たちが、次々と、ランチェスター戦略を導入することは、なかったであろう。

「よくできた戦略論だな。勉強になった」にとどまったと思う。

ちなみに、田岡は、ランチェスター戦略が、市場占拠率の目標数値モデルをコアとした科学であることを、次のように主張している。

企業間における戦いは、明らかに占拠率をめぐる戦いである。

他社との競争において何パーセントまで占拠率をとっていくことが必要かという目標数値についても、ランチェスター戦略は的確な指導を与えてくれる。

3 安定目標値の妥当性

田岡は、市場占拠率の目標数値モデル開発のために、武力により、敵軍の撃破、屈服を追求する軍事理論のひとつである、ランチェスター戦略モデル式を用いた。

それは、次の疑問をもたらす。

❶セールス活動や広告宣伝・陳列などにより「顧客による商品の受容を追求」する販売戦略の目標設定の方法として妥当か。

❷ランチェスター戦略方程式が対象とする戦闘より、敵となるライバルも多数存在し、戦闘よりはるかに多くの要素の影響を受けるビジネスにおいては、説明力が大きく低下するのではないか。

しかし、前記の一連の目標値の意味づけは、企業の多くのトップやミドルの実感に即したものとなり、実際の目標設定に用いられ、めりはりの利いた戦略の策定、実行に寄与したのである。田岡自身、ランチェスター戦略モデル式により算出される数値が、自らの実感に即したから用いたのである。

そして、GE（ゼネラル・エレクトリック）が、1965年以来、20年にわたってポートフォリオ戦略をとっているが、「競争相手が40％以上、自社が7％以下のシェアしかない商品は撤退すべし」としていること、また、トヨタ、日本生命のように、直接訪問販売をしている業界のトップ企業は、40％をマーケットシェア率の絶対目標にしていることが多いことなどを指摘した。

早稲田大学の数学者佐藤總夫《ふさお》は、『自然の数理と社会の数理Ⅰ』1984年で、フォルクスワーゲン社が、**「市場40％コントロール主義」**によりカナダ市場開拓作戦に成功したことからランチェスターの二次法則が経営戦略に応用されるようになったとしている。

同社は、カナダを二十数地区に分割し、「ひとつの地区で高いシェアをとってから、次の地区を攻略し、他社がすでに40％のシェアをもつ地区の攻略はあと回しにする」といった方法をとり、限られた営業マンを効果的に用いたのである。

この40％は、全てのライバルが連合して襲ってきても、優劣がつけがたい拮抗状態を維持できる安定目標値42％の近似値である。

4 下限目標値の妥当性

コロンビア大学のグリーンワルドたちは、「シンク・ローカル、アクト・ローカル」『ハーバード・ビジネス・レビュー』２００５年９月号で、20～25％のマーケットシェアをとらないと、まともに戦えないことを、次のように論じている。

マーケットの範囲が限定されていると、新規参入者に不利となる。なかなか規模の経済を働かせることができないのだ。なぜなら、マーケットシェアを獲得するには、既存のプレイヤーのそれを奪わなければならないからである。

それも20～25％のマーケットシェアとなれば、ほとんど不可能といえる。しかし、これくらいにシェアを維持できなければ、規模の経済など望むべくもなく、ライバルと肩を並べられるなどとうてい無理だ。

彼らは、直感的に論じたのであろうが、それは、田岡の「下限目標値26％：弱者と強者の境目」と符合している。

5 目標値を設定した理論の意義

市場占拠率の目標数値モデルによる目標値の設定は、目標設定に関する各人各様の思惑にふりまわされる、恣意的で、妥協的な目標決定を回避し、また、決定時間を短縮する効果がある。

もちろん、マーケットにより、ライバル商品、企業の多寡により、各レベルの目標値の意義は異なるかもしれないが、その場合も、この目標値をたたき台にすることで、より効率的で、適切な目標値を設定し、その意義を明確にできるであろう。

このように、目標値と、その意義まで示した戦略論は、今日に至るも、他に存在しないし、その開発すら試みられていないのではなかろうか。

それは、大変な難題であるが、田岡は、それに挑戦し、ランチェスター戦略モデル式に着眼し、目標値決定理論を開発したのである。

目標値を示すことで、戦略は、具体的で、明快なものになるし、また、状況の変化に応じた戦略の改廃ができる。

GEの元会長ジャック・ウェルチは、マーケットシェアが1位、2位の事業のみを選択するとしたが、この目標値とその意義の定義を知っていたなら、もっと、合理的な選択と、事業戦略の構築ができたのではないかと思う。

6　7段階の目標値設定の意義

田岡は、提示した目標値の意義を、次のように論じた。

七つの目標値は、いうまでもなく
❶自社のシェアの位置づけの確認
❷今後のシェアの目標数値
として使うべきものである。

が、それだけではない。それぞれの数値には、何らかのかたちで、量から質へ転換するひとつの節目となるべき要素が潜んでいる。

その意味では、これらの数値は、量から質への転化、安全性、利益率、継続性、拡大の可能性、あるいは伸びの保証といったようなものを見るうえでも、ひとつの指標として大いに役立つものと思われる。


「❶自社のシェアの位置づけの確認」は、自社や商品の相対的な力を、確認せよということである。

組織であれ、人であれ、破綻するのは、力に優れる相手や、もてる力では達成できない課題に挑戦したためである場合が多い。

ようは、「身の程しらず」である。

その危険を回避するため、自らの相対的な力がいかほどのものかを正しく認識し、その力でできる目標を追求し、その達成にベストを尽くして成果を積み上げ、力を向上させていくことを戦略の基本にすえたのである。
田岡は、その基本は、次の3条件から構成されると論じた。

戦略の基本的な前提条件

❶自分が強者なのか弱者なのかを、はっきり数値で認識する。

❷自分が弱者であれば、勝てる戦いの場を設定しなければならない。

❸戦略は勝つためにあるわけだが、勝てるか否かは、あくまでも客観的、論理的に判断しなければならない。

7 目的がPPMと正反対

BCG（ボストン・コンサルティング・グループ）の「**PPM（プロダクト・ポートフォリオ・マネジメント）理論**」は、「**マーケットの成長率**」と、主なライバルとの「**相対的なマーケットシェア率**」で、事業を評価するものであり、1960年代に生み出され、GEの事業再編に用いられた。それは、次のとおり、3つの前提に立って、事業を4つのパターンで分類するものである。

❶商品は、導入期、成長期、成熟期、衰退期といったサイクルをたどる。

❷成長事業には、多額の資金投入が必要である。

❸マーケットシェア率が高い事業ほど、量産効果で、利益があがる。

❶成長率高・シェア率高：花形――積極投資（将来の金のなる木）
❷成長率低・シェア率高：金のなる木――積極投資せず、利益を享受
❸成長率高・シェア率低：問題児――判断が難しい
❹成長率低・シェア率低：負け犬――撤退

これからすると、成長率が低い成熟マーケットで、シェア率が低い事業は、「負け犬」として廃止すべきとなる。

しかし、それは、ＧＥのように、多数の事業を展開し、成熟マーケットで高いシェアを確保し儲かっている事業をもつ大企業で、はじめて可能となる。

成熟マーケットで、シェア率が低い事業や商品しかもたない企業、すなわち、世の大多数の企業は、廃業しなければならないことになる。

また、成熟マーケットに敢然と参入し、発展した事業、商品が数多く存在するが、そのようなチャレンジは、許されなくなる。

それに、マーケットシェア率と利益が正の関係にあるとは限らず、成熟マーケットで低シェアだが利益をあげている事業や商品もある。

ＢＣＧは、以上を含む、いくつもの問題に気づき、１９９０年代早々に、その使用を中止したようだが、日本では、未だに、ＰＰＭ理論をもとにした戦略論も盛んである。

田岡は、ＰＰＭを、扱い商品の見直しに有効と評価をしている。

しかし、彼は、成熟マーケットで、低いシェア率の商品を主力とする企業が、生き残るための戦略論を、重点的に追求したのである。

それは、成熟マーケットでシェア率が低いなら、負け犬だからやめろというＰＰＭ理論と正反対の思想にたつ戦略である。

ただし、ＰＰＭが、事業、商品構成の見直しの参考になるのは事実である。

また、成長マーケットでの事業の推進は、多額の資金を費消し、大きなリスクをはらんでいることを**「問題児」**として示したことも、成長マーケットへの安易な参入の警鐘となろう。

なお、１９８０年に、ハーバード大学のマイケル・ポーターの競争戦略論が出現し、今日、彼の経営効率化と戦略的ポジショニングを重視する**「マーケット・ポジショニング・ビュー論」**と、オハイオ州立大学のジェイ・バーニーたちの、企業が持つ独自の経営資源、ノウハウを競争優位の源泉とみなす、**「リソース・ベースト・ビュー（ＲＢＶ）論」**が、２つの大きな潮流となっている。

そして、後者が優勢で、かつ、ランチェスター理論との整合性が、大変に高い内容である。

ただし、具体的な目標値とその意味を示した競争戦略論は、ランチェスター戦略以外に、存在しないのではなかろうか。

13章 シェア原則〈規模と範囲の経済〉

1 マーケットシェア至上主義を宣言

田岡は、次のとおり、マーケットシェア至上主義を宣言している。

市場占拠率の目標数値モデルは、自社の占拠率を一定目標値までとれば、競争市場においてそれに見合った地位が確保されるという原則、すなわち占拠率至上効果を裏付ける数値となっている（一般に、この原則は「シェア原則」と呼ばれている）。

そして、「**大きいことは、いいことだ**」と言い切り、「**商売というのは、結局、最後は量なのである。量よく質を制す、という一面をもっている**」ともいった。

既掲のとおり、「マーケットシェア率が、あるレベルを超したなら、安全性、利益率、持続可能性、拡大可能性、成長性が飛躍的に向上する」というのである。

そして、価格競争が生じた場合、売上数量を維持するにはマーケットシェア率の高い企業の方が、値下げ率を低くおさえることができるとした。

しかし、大企業の破綻は、１９８０年代までは、滅多になかったが、１９９０年代以降増え、今や、珍しいことではない。

そこに、「大きいことはいいことだ」は、今日では通用せず、「ランチェスター戦略は、やはり、過去の遺物ではないか」との疑問が生まれる

マーケットシェア率と競争力の間に、正の相関がなければ、ランチェスター戦略は破綻する。

しかし、今日のアメリカの競争戦略論は、マーケットシェア率と競争力の間に、正の相関があるとし、企業競争は、利益競争ではなく、マーケットシェアの拡大競争、すなわち、マーケット争奪戦であるとの認識が主流である。

2 マーケットシェア率と競争力の関係の研究

ノースウェスタン大学の経済学者ベサンコたちは、『戦略の経済学　第2版』２０００年で次のように論じた。

規模と範囲の経済は、大企業にコスト優位を与える。顧客の価格弾力性が高いマーケットでは、大企業はコスト優位の一部を顧客に還元できる。

この結果、小企業は倒産するか大企業が扱っていないニッチへ追い込まれる。小企業が大企業の生産費用に対抗するには、成長する必要がある。

そして、次のロバーツ&サミュエルソンの調査結果や、マーケットシェア率と税引前利益の間に正の相関をみいだした実証研究を示した。

1963~82年の間に建てられた工場の内

❶大半が、10年以内に閉鎖された。

❷残った工場は大幅に拡大していた。

❸新しくできた工場は、操業開始時には既存工場の3分の1程度の大きさしかないが、5年後には2倍程度、10年後には3倍程度に拡張された。

3 規模と範囲の経済の威力

ベサンコたちが言った「**規模と範囲の経済**」とは、規模の経済と範囲の経済が作用するということである。

「**規模の経済**(**エコノミックス・オブ・スケール**)」とは、設備費用、広告費、研究開発費などの固定費の商品1個あたりのコストは、多く作り、多く売るほど安くなることである。

これは、稼働率の向上などによる「**短期的な規模の経済**」と、異なる技術の採用や大規模工場建設による「**長期的な規模の経済**」にわけられる。

その発生要因はいくつかあるが、「**2乗3乗の法則**」が有名である。

「容器の表面積は、容量の増加ほど増加しない」というものであり、倉庫や、タンク(ビールの醸造タンク容量など)が、それにあてはまる。

「範囲の経済（エコノミックス・オブ・スコープ）」とは、商品の種類が増加するほど、商品1個あたりのコストが低下することである。

それぞれの商品を、別々の企業で作るよりひとつの企業で作った方が、総コストが安くなることである。

たとえば、男性用のスーツと女性用のスーツの縫製なら、ほとんど同じ設備とノウハウを使って作れるため、別々の企業で作るより総コストは安くなる。

広告でも、テレビとビデオを作っていれば、テレビの広告で、ビデオも売れるという**「包括ブランディング」**の効果が期待できるが、別々の企業が作っていれば、そうはいかない。

ようは、**「相乗効果（シナジー）」**が発生することである。

価格弾力性が高いというのは、顧客が価格に敏感ということである。

このような場合は、より安くつくるコスト競争力が、持続可能性を左右する。

それは、成熟マーケットで、各社が、商品力でさして差をつけることができない場合、規模と範囲の経済をより強力に発揮できる企業、すなわち、「マーケットシェアが大きい企業ほど有利になる」ということを意味する。

それは、ランチェスター戦略が想定しているマーケットそのものである。

マーケットシェア率を高めるほど、販売数量が増すから、規模の経済により、コスト競争力が強化され、価格競争が発生しても有利に戦える。

これに、範囲の経済を生かせる商品を加えることができれば、より有利に戦える。

4 プロダクトミックスの原理

田岡は、商品の追加につき、次のように論じている。

プロダクトミックスの「ミックス」とは、「追加」という組み合わせと、「相乗性（シナジー）」という組み合わせの二つの意味をもつ。

ひとつは追加政策によって商品の寿命をのばすような組み合わせ方の問題であり、もうひとつは相乗性をもつような組み合わせ方の問題である。

商品の寿命をのばすための追加政策とは、モデルチェンジ、デラックスとスタンダードに分類、シリーズ化など、製品の改良や多様化である。

もうひとつの相乗性が、まさに、範囲の経済を生かすことであり、これにつき、次のように論じている。

Aが売れると、それにつれてBが売れるような組み合わせを相乗性のある組み合わせという。……こういった多角化を一般には関連多角化という。

これまで論じたとおり、成熟マーケットで、マーケットシェアの拡大を、ひたすら追求するランチェスター戦略は、規模と範囲の経済の理にかなったものである。

なお、ベサンコたちは、生産以外に、規模と範囲の経済が発生する要素として、購買、宣伝、研究開発をあげている。

また、これらは、新たなライバルの強力な参入障壁となることもある。

5 多角化は範囲の経済の問題

規模と範囲の経済が生じるような成熟マーケットでは、大企業がどんどん大きくなり、巨大企業となっていくはずだが、そうではない。

その理由として、規模と範囲の経済を、上手に生かしていないことがある。

それを生かす余地があるのに気づかないでいるためか、生かし方が中途半端なためである。

また、範囲の経済の範囲外の、相乗効果をあげることができない事業や商品に手をだすためである。

田岡は、次のように論じている。


わが国では、昭和30年代に、どこの企業も積極的に多角化の方法を導入し、売上を伸ばしてきた歴史をもっている。たとえばメーカーは、次々と新製品を市場にだしながら多角化し、事業部制という形で内部を組織化しながら企業を発展させてきた。ただし、これは昭和30年代だったからよかったのである。

成熟期を迎えた1968年以後になると、わが国の多角化の状況は非常に混沌とした様相をおびるようになったのである。

バラツキをもつそれぞれの商品をどう組み合わせ、とらえていくことが効率的か、戦略転換とその決断がせまられている、というのが現在の多角化の課題ということになろう。


この傍線を付した課題が、範囲の経済の問題である。

今日の競争戦略論では、範囲の経済は、最重要テーマのひとつとなっている。

これについて、バーニーは、次のとおり論じている。


結局のところ、すべての全社戦略の経済価値は、まず第1に、2つ以上の事業をまたがっている範囲の経済が存在するかどうかにかかっている。

……範囲の経済は、また、シナジーという言葉でも知られている。

6 規模の不経済

大企業が、規模の経済性のおかげで、どんどん大きくならない、より深刻な理由があるとされている。「規模の不経済」の存在である。

これがひどくなると、「大きいことは、悪いこと」になる。

ベサンコたちは、規模の不経済の発生要因として、「労務費」、「官僚主義」、「専門能力の分散」、「利益相反」、をあげている。

バーニーは、『企業戦略論』2002年で、「効率性を維持できる生産規模の物理的限界」、「マネジメント上の不経済」、「従業員のモチベーション」、「市場及び原材料への距離」をあげている。

これらは、コストを増大させていくだけでなく、変化対応能力を劣化させていくであろう。

この問題について、田岡は、次のように注意をしている。

とくに転換点においては、カット、スクラップ・アンド・ビルド、営業所の移動、テリトリージャンプの修正、撤退作戦などにより肥満化した体質を正していかなければならない。

7 価格競争を奨励も否定もせず

成熟マーケットで、各社が、商品力でさして差をつけることができない場合、規模と範囲の経済のおかげで、マーケットシェアが大きい企業ほどコスト競争力が向上するが、次の問題は、それを何に生かすかである。

これについて、バーニーは、次のとおり、論じている。

商品差別化の余地がほとんどなく、また顧客が、どの企業から買ってもよいとしているなら、価格競争を挑み、低価格でマーケットシェアを高めるか、同等価格を維持して利益を上げるかである。

田岡は、この価格競争政策には、深く触れず、肯定も、否定もしていない。

これまで紹介してきたような、田岡の論からすれば、「価格競争で売上を伸ばし、マーケットシェアをさらに拡大し、それでさらなるコスト競争力を確保し、さらなる価格競争を挑め……」となるはずであるが、そこまで言っていない。

こういったことを思いつかない田岡ではない。

また、マーケットシェア争奪戦には、価格競争がつきものであることなど、承知しているはずである。

どうしたことであろうか。

田岡は、安易に価格競争に走る企業がほとんどである状況に危機感をもち、それゆえに、価格競争を、積極的に肯定することも、否定することもなく、営業力の効果的な展開で、マーケットシェア率を高める戦略を追求したのではなかろうか。

また、マーケットシェア率を高めることが、規模と範囲の経済により、今日の競争戦略論が最重要課題のひとつとするコストリーダーシップの強化につながり、価格競争力の強化にもつながることを認識していたからだと思う。

8 売上、利益目標にひそむ危険

企業の持続可能性の向上を目的とする戦いの勝敗は、売上や利益の目標を達成したか否かで決まるものではない。

目標を大きく上回る成果をあげても敗れることもあれば、目標を達成できずとも勝つこともある。

たとえば、売上を、１００億円から１２０億円に伸ばす目標をたて、それを達成しても、マーケット規模が20％以上拡大していれば、多くのライバルに差を広げられた、ないし、縮められたことになる。

それは、企業の存続が危うい方向へ動いたことであり、敗けとなる。

一方、売上が90億円に下落しても、マーケット規模が10％以上縮小すれば、勝ちである。

売上、利益目標をたて、それを達成することは大事だが、マーケットシェアの大小が、持続可能性に大きく影響する以上、その増減を勝敗の評価基準にしなければならない。

それを、利益を減らさずに、さらに言えば、収益構造を悪化させずになすべきところに、競争戦略の難しさがある。

9 在庫増加の脅威

在庫を伴うビジネスをしている企業の場合、持続可能性の高低は、在庫の動向を見れば、だいたい判断できる。

在庫回転率が低下するにつれ、企業の持続可能性も低下していく。

よく売れてもうかる商品をもち、売上や利益をあげていても、そうである。

マーケットシェア拡大の追求は、価格競争だけでなく、在庫の増大を誘発する危険をはらんでいる。

なぜなら、受注に迅速に対応することが必要であり、それには、扱い商品すべてにわたる在庫を、常に確保しておく必要があり、また、営業マンも、「**安心在庫**」とよばれる手持ち在庫をおきたがるからである。

そこに、売れ残り在庫が累積していき、キャッシュ・フローを悪化させる。

その他、様々な資金が、売上に先行して流出していく。

そこで、在庫管理の強化をはじめ、きちんとした管理体制を整備し、厳正に運用しなければ、マーケットシェア拡大の追求は、企業の持続可能性を低下させる危険をもたらすことに留意しなければならない。

14章 占拠率の有効射程距離モデル

1 中長期的な戦略を追求する

市場占拠率の目標数値モデルで目標値は、具体的に示されているが、それを、どの程度の期間で達成すべきかは、論じられていない。

これについて、田岡は、次のように記している。

占拠率というのは、他社との競争のなかで推移していくのである。マーケティングは、自社だけがやっているわけではない。その意味では、占拠率を5～6%上げるだけでも、3～4年はかかってしまうのである。

しかも、各社が戦略的になればなるほど、戦いは長期化の様相を帯びてこざるをえない。ようするに、かなりの年数が、占拠率の推移を評価する条件として必要だということになろう。

中長期的に、ケース・バイ・ケースで決めるしかないということである。

こと、成熟マーケットでは、市場占拠率の7段階の目標値は、対象とする商品カテゴリーに入る新商品の爆発的なヒット、すごい大口注文、マーケットシェアがトップクラスの企業の倒産など、希有な出来事が生じない限り、1年や2年で達成できるものではない。

1％増加させるだけでも、大変な努力を要する場合が多いのが、現実である。

影響目標値11％のシェアをもっている売上100億の商品があるとしよう。

そのシェアを、ワンランク上の上位目標値19％へもっていくには、マーケット規模が変わらないとして、173億円の売上を達成しなければならない。

そこに、「何年で、いかに、ワンランク上の目標値へもっていくべきか、もっていけるか」を考えるようになり、「それには、まず、今は、何をなすべきか」という、中長期的視野にたった戦略を考え、たてることができる。

2 占拠率の有効射程距離モデル

計画の達成を至上課題とするPDCAサイクル論と、戦略思考にもとづく本物の戦略論との決定的な違いは、逃げるとか、中止するといった選択肢の有無である。

ランチェスター戦略には、当然、存在し、田岡は、次のとおり論じている。

冷静に戦況を見る目を養うとともに、戦況が味方にとって不利ならば「利なくば退却すべし」という勇気を与えてくれる戦略である。

この文脈で言えば、計画の必達を前提とするＰＤＣＡサイクル論は、「戦況が味方に不利でも、戦況を好転させる努力や方法があるとの信念を与えてくれるお説教である」といえよう。

ちなみに、田岡は、クープマンの戦略モデル式をベースに、次のとおり論じた。

局地戦における力関係が「3対1」以上開いてしまった場合、逆転不可能であり、どうあがいても勝てない。

（広域戦、確率戦では）敵味方の兵力数の差が、$\sqrt{3}$対1以上に開いてしまうと、いかに武器効率を上げても、また集中効果型の戦闘局面をつくりだしても、弱者の逆転はもはやありえない。

「3対1」は、市場占拠率の目標数値モデルの、上限目標値74％と下限目標値26％の比率の小数点以下を四捨五入したものである。

「$\sqrt{3}$対1」は、それぞれの数字を1／2乗した数字の比率である。

これは、確率戦の場合、マーケットシェア率が、相手の1／$\sqrt{3}$、すなわち58％、だいたい60％以下なら、勝ちっこないと言っているのである。

そして、マーケットシェア率で、このように差がついた場合は、まともに戦っても負けるだけであるから、一気に逆転を狙うのではなく、この比率を縮めるように、がんばるか、いたずらに戦力を消耗せず、撤退するかを決めるよう論じ、その比率を「**有効射程距離**」と表現したのである。

そして、次のように論じた。

「三十六計逃げるにしかず」というのは、その意味で、まさに戦略のひとつなのである。

三十六計というのは、36ヵ条からなる中国の兵法の最後の条項「走為上」、すなわち、「走（逃げる）を上となす」であり、あれこれやっても、だめだと思えば、逃げろとの教えである。

3 BCGのPPMを評価した理由

田岡が、既述のとおり、ランチェスター戦略と目的が正反対であるにもかかわらず、BCGのPPMを高く評価したのも、撤退基準を示したからである。

これについて、田岡は、次のように論じている。

重点を置く商品と、切り捨てる商品とを明確にするということだ。

この考え方は、店舗や営業拠点におけるスクラップ・アンド・ビルドの問題ともつながっていく。

戦略発想の基本は勝つための方法を考えることだから、当然、勝てるものや勝てるところには力を入れなければならないわけだが、逆に、どう考えても、勝てそうもないところからは手を引くことも重要である。

勝ち目のないところからは手を引いた方がよい。勝ち目のないところに、いつまでも力を入れていたのでは、他のところで勝つチャンスを逃がしてしまうことにもなりかねない。

勝てるか否かの判断基準や、その段階で判断を下すかといったことなどについて、標準化しておくということも、当然、考えるべきではなかろうか。

ランチェスター戦略の目的は、成熟マーケットで、低いシェア率の商品を主力とする企業が、生き残るための戦略論を、重点的に追求したのである。

それは、「負け犬だからやめろ」というPPM理論と正反対の思想にたつ戦略である。

商品を、さらに細かい分類、さらに細かい地域、業種、得意先で分類し、ポートフォリオ発想で、それらを取捨選択せよと論じたのである。

そして、捨てるのは、他のところで勝つチャンスをつかむためにも必要となる行為だと、積極的に評価したのである。

田岡は、ランチェスター戦略を占拠率の科学としたが、それには撤退の科学もふくまれており、成熟マーケットの低シェア商品の継続と撤退を判別する基準を提供するために、占拠率の有効射程距離モデルを呈したのである。

4 菊池の「勝敗の思案点」

ランチェスター戦略モデル式からひきだされた、$\sqrt{3}$対1は、1・73対1であり、それは1対0・58でもある。

概算すれば、100対60である。

これは、戦う2つの部隊が、互いに、相手の部隊に対して機関銃を撃つような確率戦で戦うなら、少数側の兵力が、多数側の兵力の60％程度までなら、多数側に、勝つか、勝たずとも引き分けに持ち込める可能性があるということである。

それ以下なら、いくら、少数側ががんばっても敗れることを示している。

防衛大学校教授菊池宏は、本当に、その数値が正しいかを、過去の３５９の陸戦と、82の海戦をもとに検証した。

その結果は、表のとおりである。

これから、兵力比が60％以下でも負けなかった比率が、20～30％あるが、兵力比が70％以上なら、負けなかった率が、ぐっと高まることが分かった（負けなかった率‥陸戦44％、海戦50％）。

菊池は、この結果から、「敵兵力を1とした場合、０・7～1・5の間では、兵力の多寡よりも、戦略、戦術、情報力、判断力などの優劣が勝敗を左右する」とし、この兵力比の幅を「**勝敗の思案点**」と名づけ、次の原則を示した。

守勢・変化の原則：兵力比０・６以下では、戦闘を避け、守勢・変化を利とす。

分断・集中の原則：兵力比０・７以上では、積極的に分断、各個撃破を利とす。

攻勢・凌駕の原則：兵力比１・５以上では、攻勢を利とす。

［cf］菊池宏『戦略基礎理論』１９８０年

もちろん、これは、菊池自身が言っているが、目安である。

少数側が負けなかった率（勝った率＋勝敗伯仲の率） 単位％

兵力比	～30	～40	～50	～60	～70	～80	～90	全体
陸戦	22	29	29	32	46	37	49	33
海戦	33	17	36	25	37	43	73	41

いくら大軍でも、拙劣な攻撃をかければ撃破されることは、兵力比０・３以下でも、負けなかった率が、陸戦で22％、海戦で33％あることからも分かる。

ここには示さなかったが、陸海をあわせて、兵力比０・３以下で勝った率が19％あった。

となると、クープマンの戦略モデル式からひきだされた、$\sqrt{3}$対１の意味、ひいては、田岡の、有効射程距離理論は、ほぼ当たっているが、「絶対に勝てない」というのは言い過ぎだとも考えられる。

ただし、軍事と異なり、企業の戦いは、直接、相手を殺傷破壊するのではなく、かつ、長期間にわたり戦い続けるのであるから、絶対に勝てないといってよいかもしれない。

また、菊池の研究の対象には、同じ確率戦でも、局地戦と広域戦の両方が含まれているようである。

また、件数の多さからして、局地戦の数の方が多いような気がする。

問題は、広域戦の場合はどうかである。

田岡は、確率戦で広域戦であることを前提として、$\sqrt{3}$対１が有効射程距離だと論じているのである。

なお、リデルハートは、『抑制か、防衛か』防衛研究所研究資料、１９６０年で、次のとおり少数側は、広域戦では局地戦より、はるかに不利になることを指摘している。

〈第二次世界大戦の〉東部戦線で、ドイツ軍は、局地的には1対7の劣勢で、しばしばソ連軍の個別攻撃を撃退しているが、戦線の全面にわたる兵力比が1対3に達すると、ソ連軍は、必ずといってよいほど、浸透に手頃な場所をみつけだすのに成功している。

5 3つの競争原理

田岡は、マーケットシェアを高めるために、次の3つの競争原理にしたがって、戦略をたて、実行することを説いた。

❶ナンバーワン主義（占拠率優劣の法則）：
マーケットを細かく分け、小さくてもナンバーワンになれる、ないし、なっている得意分野を見つけ、それを起点に、ナンバーワンの領域を広げていく。

❷競争目標と攻撃目標の分離（弱い者いじめの法則）：
競争目標は、自社とシェア率で伯仲しているか、若干上にある企業とする。
攻撃目標は、自社よりシェアが低い企業とする。

❸一点集中主義：
数ある目標から、ひとつを選び、もてる力をそこに集中して、短期間で決定的な実績を上げていく。
最初にたたくべき目標は、足下の敵（3位なら4位をたたく）。

そして、田岡は、次のように論じた上で、地域、得意先、商品の3分野でのナンバーワンの必要とその理由を説いた。

戦いにおいて絶対的に有利な立場にあるのはナンバーワンだけである。

ナンバーワンだけが安定し、それ以外には安定の条件はないというのが、およそ差別化のない純粋競争における力関係の法則だ。

戦いの勝ち方というものは、ナンバーワンをいくつもつかにかかわってこよう。

強者であれ、弱者であれ、最後の勝利を得るために、細分化した領域で、ひとつでもいいから、個別にナンバーワンを勝ちとっていかなければならない。

❶地域でナンバーワンになること：

ナンバーワンをもっているからツキにのれる。

ナンバーワンがひとつもないのでは、決して、ツキにはのれない。

地域でナンバーワンになるためには、まず地元で勝たなければならない。

❷得意先のナンバーワンをもつこと：

受注比率における力関係（たとえば店内シェア）でナンバーワンとなる。

浮気をしない、完全に系列化された得意先をつくる。

❸商品のナンバーワンをつくること：

ひとつでもつくる……用途のセグメンテーション、二次機能（たとえばパッケージ）、商品のセット化。

そして、ブランドメーカーについてであるが、ナンバーワンになる順序を次のように示した。

弱者の戦略：地域でナンバーワン↓得意先のナンバーワン↓商品のナンバーワン

強者の戦略：商品でナンバーワン→得意先のナンバーワン→地域のナンバーワン

ここでの得意先のナンバーワンとは、同じ商品分野では主力商品として扱ってくれる得意先（代理店、小売店）を獲得することである。

ナンバーワンになるためには、当然ながら、今のナンバーワンを超すマーケットシェアを獲得しなければならない。

マーケットシェアで、ナンバーワンとさしたる差がないナンバーツーであれば、何とかできるかもしれない。

しかし、大きな差がある場合、さらには、ナンバースリー、フォー、ファイブ…の企業や、その他大勢のランキング外のような企業は、いかにすればよいのか。

これについて、田岡は、次のように論じた。

地域や製品などをセグメントしたシェアを求めれば、……強者としての地域もあれば、強者の商品も有していることを発見するに違いない。

徹底的なセグメンテーションによって、強者の立場に立てる部分を原点において自覚したときにはじめて、自信というものが生まれてくる。

15章 グー・パー・チョキ理論

1 ヒットしてから競争がはじまる

導入期の次にくるのが成長期である。

……この時期になれば導入期の緩慢な伸びにくらべ、販売量が数量、伸び率、ともに増加するということを知っておかなければならない。

限られた特定の消費母体のなかにデモンストレーションという流行現象がはじまるからだ。

導入期において先発のやることをじっと見ていた後発組は、このデモンストレーションの時期をひとつのチャンスと見てとり、間髪を入れずにミートし、参入してくるのを常とする。

こうして成長期は、競争第一期のはじまりというかたちで幕を開けることになるからである。

ようするに、「商品のヒットが競争を生む」のである。

商品がヒットすれば、類似商品の後発参入が相次ぐのである。

いわゆる、「**横並び競争**」の勃発である。

これを日本特有の現象のように批判する論説をよく見受ける。日本人の気概と創造力の欠如を示す、情けない現象と、慨嘆するのである。

しかし、彼らは、他の国の状況を知って、批判しているのであろうか。

ポーターが『ハーバード・ビジネス・レビュー』誌1996年12月号の「戦略の本質」で、「日本企業には戦略がない」とした理由のひとつは、いろんな事業に手を出していることだが、もうひとつは、横並び競争をしていることである。

しかし、グリーンワルドたちは、同誌2005年9月号の「シンク・ローカル、アクト・ローカル」で、アメリカについて、次の指摘をしている。

どこかの企業が頭抜けて高いROI（投資収益率）を実現し、わずかな期間でも成功を収めれば、すぐに新規参入者が殺到し、利益の奪い合いが始まる。

気概と創造力で、どの企業も、他にない新商品を次々とヒットさせることができれば、横並び競争は発生しないが、マーケティング・コンサルタントのクランシーたちは、同誌2005年6月号のコラム、「マーケティングROIのジレンマ」で、次のように報告している。

最近のACニールセンBASEとアーンストン・アンド・ヤングの調査では、アメリカ市場において消費財の新商品が失敗する確率は95％に達するという。

2 先発弱者の悲劇

商品のヒットは、成功の十分条件には、ほど遠いものである。

これをわきまえず、画期的な商品の創造を至上課題とし、それで大成功するかのように説く経営戦略論やベンチャー・ビジネス論があるが、それは、破滅をもたらす危険な理論である。

それらは、ソニーやホンダが、常識に挑戦するチャレンジ精神で独創的な商品を開発し、成長したことを強調するが、その成功は、新商品ヒット後の激しい競争を戦い抜く意思と能力に優れていたからでもある。

ビジネスは、それらに劣れば破滅する危険な作業でもある。

実際、それで破滅した企業は、膨大な数にのぼるであろう。

田岡は、そのような企業を「**先発弱者型**」とよび、次のように論じた。

およそ企業にとって、先発弱者型と呼ばれる企業ほど悲しい存在はない。その悲劇は、

❶弱者になっていたことに気がついていなかったこと
❷自らの不勉強から後発の参入の時期を予測していなかったこと
❸自分を主観的に強者と思い込み転換の発想とロジックをもちえなかったこと
❹チョキ（商品構成等の見直し）の段階でカットせず、肥満型になり、本当にパーになってしまったこと

などによって引き起こされる。

3 グー・パー・チョキ理論

前節で「チョキ」とか「パー」という言葉が出てきたが、これは、商品サイクルの各段階でとるべき戦略方針を、分かりやすく表現したものである。

すなわち、一点集中で突っ込むのが「**グーの戦略**」、多様な展開をするのが「**パーの戦略**」、多様化を見直し、整理するのが「**チョキの戦略**」である。

それを、まとめて「**グー・パー・チョキ理論**」と称したが、その概略は、次のとおりである。

導入期：販売数量の伸びは緩慢。爆発的なヒットは例外的

↓

グーの戦略＝顧客層、商品ライン、ブランド、販売チャネルを絞り込む

マス媒体をつかわず、口コミ、チラシなどを活用する

価格は、予定より若干高めに設定する

成長前期：特定した顧客層での流行と他の顧客層への波及で、販売数量が急増

後発参入の続出

プラトー現象（販売数量が、一時的に、横ばい）の発生

↓

商品の大規模な改良（導入期より準備の要あり）
後発商品との差別化（後発品をもとに対応）

成長後期：プラトー現象の終了＝販売数量が急増、市場価格の低下
↓
パーの戦略＝商品ライン、価格ライン、ブランド、販売チャネルの多様化

成熟期：販売数量の伸び率の鈍化ないし減少
商品の普及率が40％から60％近くまで上昇
価格競争の発生
一次機能（機能、品質、等）の差別化から二次機能（デザイン、用途、等）の差別化
↓
チョキの戦略＝商品ライン、価格ライン、ブランド、販売チャネル、販売テリトリーの整理、営業所の統廃合、等々による肥満体質の是正

4 特許申請が裏目にでる

先発弱者型の悲劇、ひいては、先発が不利で、後発参入が有利であることは、ビジネスの世界では、経験則であり、常識のようなものであろう。

特許がおりそうな技術を組み込んだ商品やビジネスモデルについては、特許申請で、後発企業の参入

を阻止できるとの考えもあり、実際、そのとおりの事例もあろう。

しかし、特許申請は、アイデアやノウハウを暴露することであり、特許を回避した、類似ないし、それよりはるかに優れた機能や品質の商品開発のヒントを提供する。

田岡は、特許は、後発参入阻止の決め手にはならないことを指摘、警告した。

実際、確実に特許をえられるような技術でも、特許を申請しない事例は、膨大な数にのぼると推定される。

スティグリッツは、『ミクロ経済学　第2版』1997年で次のように論じている。

多くの企業が新製品や新製法について特許による保護を求めようとしないのはなぜだろうか。その大きな理由は、特許を得るためには、企業は、新製品や新製法について細部に至るまで公開しなければならないことがあげられる。

しかもそうした情報は、ライバル企業のR＆D計画を推進する上で非常に役に立つ可能性が高いものである。

……コカ・コーラの製造方法は特許による保護を受けていない。それは企業秘密にされているのである。

……新合金の場合は、ほとんど特許は申請されない。

グリーンワルドたちは、さらに厳しい見解を示している。

技術的優位性には限界がある。競争優位の源泉となっている技術が、すぐに時代遅れになったり、また、たとえ安定性に優れていても、いずれはあらゆる企業に行き渡ってしまうからだ。

5 先行逃げ切り論の虚構

１９９０年代の後半、「ＩＴ、特にインターネットを活用した新たなビジネスモデルを開発し、思い切った資金を投入して、それが対象とする分野に真っ先に普及させていけば、他の追随を許さずに、短期的に大きな成功を収めることができる」という「**先行逃げ切り論**」が盛んとなった。

それは、マイクロソフトのＯＳ「ウィンドウズ」が、デファクト・スタンダード化の成功により、先行逃げ切りを果たしたようなことが、ベンチャーキャピタルやエンジェルと呼ばれる投資家による大量資金投入で、簡単に実現できるかのように説くものであった。

そして、様々なＩＴビジネスが開発され、もてはやされたが、次々と破綻した。

生き残り、それなりの収益をあげている企業は、わずかである。

ＩＴビジネスの失敗続出は、新商品をヒットさせた後の競争に敗れた先発弱者の悲劇というよりも、はなから売れなかった新商品の失敗であろう。

独創的なものほど売りにくく、独創ならぬ独善もある。

また、ベンチャーキャピタルが、豊富な資金を投入してくれ、最初からパーの戦略をとったため、手堅くグーの戦略をとっていれば、成功した事業を、失敗させた事例もあろう。

田岡は、導入期におけるグーの戦略を示すにあたって、次のように論じているが、ＩＴ時代の今日も、変わらぬ真理である。

どのような新商品の発売でも、一部の例外を除いては、はじめから爆発的なブームなどは起こりうるはずがなく、その伸びはむしろ緩慢であると考えなければならないであろう。

6 参入障壁

成長期であれ、成熟期であれ、後発参入の阻止は、先発企業にとって重要な課題であるが、経営学が生まれるはるか以前から、経済学者が、参入障壁の研究に熱心に取り組んできた。なぜなら、それは、自由競争を阻害し、経済発展に悪影響を与える可能性があるからである。スティグリッツが指摘する、「**参入阻止慣行（エントリー・デターリング・プラクティス）**」の代表的な事例は、次のとおりである。

❶略奪的価格づけ（プレダトリィ・プライシング）
意図的に後発企業の生産価格以下に価格を下げて、後発参入を排除し、将来の参入意図もくじく。その後、価格を引き上げる。

❷過剰生産能力（エクセス・キャパシティ）
現在必要な水準を上回る生産能力をもつ工場、設備を作り、熾烈な価格競争に挑む意思と能力をもっていることを示す。

❸制限価格づけ（リミット・プライシング）
価格と利益を低く抑え、後発参入する魅力を低下させる。

❹排他的取引（エクスクルーシブ・ディーリング）

メーカーが、販売業者に、競合企業の商品を販売しないように要求する。

一方、経済よりも、企業の存続、発展のための戦略を研究する学者は、競争促進のための数十年にわたる経済学の研究成果を、競争回避のために逆用した。

ポーターの競争戦略論が生まれた。

バーニーは、この間の経緯を紹介しているが、彼は、参入障壁を、「**参入コストが高くなるような業界構造の属性**」とし、次のとおり分類した。

❶規模の経済

❷商品差別化

❸規模に無関係なコスト優位性

自社独自の占有技術

ノウハウ

原材料への有利なアクセス

有利な地理的ロケーション

学習曲線によるコスト優位

❹意図的抑止（コントリベッド・デターレンス）……略奪的価格づけなど

❺政府による参入規制

❻その他の参入障壁

参入に必要な資本投資
顧客のスイッチング・コスト……他社商品の買換えや習熟にかかるコスト
流通チャネルへの有利なアクセス

略奪的価格づけ、過剰生産能力、制限価格づけは、意図的抑止に含まれる。

バーニーは、それを、潜在的後発者に対し、「既存企業による激しい競争圧力を受けますよ」との、**脅しのシグナル**を発することだとした。

また、政府による参入規制と、原材料と流通チャネルへの有利なアクセス以外のそれらの追求は、正々堂々たる競争行為である。

今日の競争戦略論では、参入障壁は、最も重要な研究テーマのひとつである。

しかし、田岡は、参入障壁については、商品の大規模な改良と、後発商品との差別化に触れただけである。これは、それ以外の参入障壁の構築には、多額の費用と時間がかかるか、さしたる効果が見込めないためであろう。

何よりも、ランチェスター戦略は、あくまで、先発弱者の悲劇を回避するための戦略、ひいては、資金力などの経営資源にも、相対的に劣る企業を対象とした戦略論だからである。

豊富な経営資源を持つ強者は、後発参入で弱者を襲えばよいのである。

先発の場合も、資金力などにものをいわせて、略奪的価格づけなどで、後発参入を牽制するか、蹴散らすことができる。

また、商品の大規模な改良と差別化が不徹底であったがゆえに、先発強者であった企業が、後発強者に敗退していった事例を、目の当たりにしたためであろう。

16章 マーケットの特定

1 水道水はコカ・コーラのライバル?

市場占拠率の目標数値モデルの意義と効用を高く評価してきたが、マーケットのシェア率を算定するために、マーケットの範囲を、いかに決めればよいのか。

これは、大変に難しい問題である。

1986年、アメリカで、次のような議論がなされた。

コカ・コーラとドクターペッパーは同じマーケットで戦うライバルか?

同じような炭酸飲料であり、どう考えてもイエスである。

では、コカ・コーラとオレンジジュースは?

コカ・コーラと水道水は?

オレンジジュースでは、意見が分かれるかもしれないが、いくら何でもコカ・コーラと水道水が、同じマーケットでライバルと思う人は、いないであろう。

しかし、1986年、コカ・コーラ社は、アメリカで、「水道水を含むすべての飲料」が、同じマーケットでライバル関係にあると主張した。

コカ・コーラがドクターペッパーを買収することが、独占禁止法にひっかからないためには、マーケット規模をうんと大きくし、シェア率を低くしなければならないからである。

さすが、この主張は通らず、コカ・コーラは炭酸飲料マーケットにあるとされ、ドクターペッパー買収はできなかった。

この判断について、ゲセル連邦判事は、企業のマーケットを定めるさいに考慮すべき事項を次のように論じた。

主力商品の特性、主要な流通チャネル、最終消費者に商品を届けるための小売店、そして相互に活動する地域について注意を向けなければならない。

［cf］ベサンコ他『戦略の経済学　第2版』２０００年

［2］オレンジジュースのライバルは？

コカ・コーラの場合は、マーケットの範囲を、コーラだけでくるか、炭酸飲料としてくるかあたりで納得してよいかもしれない。

では、オレンジジュースの場合ならどうだろうか。

柑橘系ジュースか、すべてのフルーツジュースか、野菜ジュースもか、コーヒー、紅茶、お茶、牛乳、まで含めるべきか。

このような問題が生まれるのも、敵と味方に分けるだけであり、争奪戦を演じる戦場も特定が簡単な軍事と、ビジネスが大きく異なる点である。

マーケットの範囲を決める問題は、裏を返せば、「売上に脅威を与えるライバル商品、企業を、どこまで想定すべきか」という問題でもある。

コカ・コーラの裁判での主張は、水道局とも戦っていることになる。

その主張はマーケットの範囲を決める難しさを示す反面、なんとでも決めることができ、それによりシェア率は大きくも小さくもできることを意味する。

ちなみに、GEのウェルチは、「マーケットシェアが1、2位の事業のみをやる」としたおかげで、マーケットを細かくセグメントして、1位だとする部門や幹部が続出したことを嘆いたときいたことがある。

マーケットをセグメントして、1位になることは、ナンバーワン主義で弱者が拠点を作るために重要である。

しかし、なにかで1位になることを、以後の攻勢のためのステップとすることと、1位になること自体を目的とすることは、大違いである。

3 攻撃しているのに気づかない

1990年代前半のことであるが、協和醱酵工業(現、協和発酵キリン)のフリーズドライの卵スープが大ヒットした。

同時に、順調に伸びていたインスタント味噌汁の売上に急ブレーキがかかった。

それで、某味噌メーカーは、打倒卵スープをめざして、商品開発や販売活動を、思い切って強化した。

ひたすら協和醗酵工業の卵スープへの一点集中攻撃である。

しばらくして、卵スープの売上の伸びがとまった。

それが、味噌メーカーの奮闘のためか、あきられたか、潜在需要がそれほど大きくなく飽和状態に達したためか、他のインスタントスープメーカーも攻勢をかけたためか、他に理由があるか、それらの相乗効果かは分からない。

その少し前に、協和醗酵工業の某課長に、卵スープがインスタント味噌汁に脅威を与え、怒らせ、逆襲を誘発していることを話した。

課長は驚き、「味噌メーカーさんを困らせているなんて、そんなつもりはないですよ」との返事。つもりがあろうがなかろうが、事実は事実である。

この段階では、味噌メーカーは、インスタント味噌汁とタマゴスープは、同じマーケットと考え、協和醗酵工業は、別のマーケットと考えていたのである。

それにしても、インスタント味噌汁マーケットに電撃奇襲作戦よろしく参入し、おまけに派手に打撃し、すごい戦果をあげつつあるのに、当の攻撃側が気づかないというのは、軍事では、まず、考えられない状況である。

かといって、協和醗酵工業が、特段、鈍感でも、情報力に劣っていた訳でもない。

こういったことは、ビジネスの世界では、珍しいことではない。

既述のとおり、駅売りの新聞、雑誌が、携帯電話の脅威にさらされるような場合もある。

それまで、帰宅の電車の中で、ヒマつぶしに新聞を買って読んでいた男性が、携帯電話の検索でヒマをつぶすようになったからである。

こうなることを、携帯電話企業は、全く想定していなかったはずである。

協和醱酵工業は、スープマーケットに参入したつもりが、「スープ&味噌汁マーケット」に参入したのであり、携帯電話企業は、「通勤客ヒマつぶしマーケット」にも参入したのである。

4 マーケットを決めることの難しさ

小売店の場合は、オレンジジュースよりは簡単である。

対象とする地域、すなわち商圏を確定し、その人口と人口構成を調べ、消費統計や家計調査をもとに、自社の扱い商品が、いかほどのシェアかを推定できる。

もちろん、ずれはあるが、かまわない。

市場占拠率の目標数値モデルは、目標値を、「3%→7%→11%→19%→26%→42%→74%」と細かく示しているが、相対的なポジションをつかめばよいのであり、11%が10%、42%が40%でも差し支えない。

このことは田岡も言っている。

商圏が、実際より、大小にぶれるだろうが、それらは、来店顧客の動向などから判断し、修正していけばよい。

しかし、オレンジジュースのような立場にある商品は、どうすればよいか。

コカ・コーラだって、水道水までライバルに含めるのは論外だが、炭酸飲料より、もっと大きなくくりにすべきか、コーラ飲料だけに絞ってよいかもしれない。

携帯電話に至っては、いったい……。

結論は、回答不能である。

もし、客観的、合理的な方法が開発できれば、ノーベル賞ものである。

5 ライバルを決める

マーケットの範囲を、誰もが納得するように、客観的、合理的に決定できない。しかし、それを理由に、決めないというのは、官僚主義的発想であり、ビジネスはできない。自分のポジションを、たとえ仮説でも決めなければ、目標は、あいまいなものとなる。誰と競争しているのか、戦っているのかが、はっきりしないのは、危険である。

マーケットを決めるのは、ライバルを決めることである。

経済学では、ライバル商品を、「**代替関係にある商品**」と定義している。

それは、次の3つの条件をみたす商品である。

❶同じまたは同様の商品特性がある。
❷同じまたは同様の用途がある。
❸同じ地理的市場がある。

一方、次の3つの条件に該当すると、同様の特性や用途の商品でも、ライバルにならない。

❶異なる場所で販売される。
❷製品を輸送するのにコストがかかる。

❸消費者が商品を購入するための移動にコストがかかる。

［cf］ベサンコ他『戦略の経済学　第2版』２０００年

ただし、自社の商品と同様の商品特性と用途をもち、同じ地域で販売されている商品の販売額、数量についてのデータをえることは、ほとんどの企業にとって不可能であろう。

そこで、断片的なデータや情報から、おおまかに推定するしかない。

だが、それでも、一つの基準で推定された数値とその動きは、現在のポジションや目標の設定に貢献すると考える。

ちなみに、ＢＣＧのＰＰＭ理論のマーケットシェアは、「**相対的マーケットシェア**」であり、主なライバルの売上に対する、自社の該当商品の売上であり、このような考えで、マーケットシェアを推定するのがよい。

6 地域戦略が最重要課題

マーケットを定める上でのライバル商品の決定条件は、同様の商品特性と用途をもち、同じ地域で販売されていることである。

それは、地域を確定して、はじめて商品のマーケットが明確になり、競争戦略は、その地域でいかに戦うかをまとめたものになることを意味する。

マーケット争奪戦は、地域単位で行われており、その成果の総和が全体の成果である。

当然、地域戦略が最重要戦略となり、地域戦略なき競争戦略は、あいまいというか、根無し草のような観念論になる。

また、地域により、顧客や競合相手のありようは異なり、それをふまえた地域戦略をたてなければならないのは、当然である。

田岡は、販売戦略の中でも、地域戦略を最重要課題とした。

そして、「日本の企業には、一般的に地域戦略という概念がない。少なくとも、いままではそういったものに対する関心がなかったといえる」と批判して、なぜ地域戦略が重要かと、その戦略、戦術を、広範多岐にわたって論じた。

これは、今日の競争戦略論の認識と軌を一にする考えである。

終章　ランチェスター戦略をふりかえる

1　現実を知り、現実と戦う

ランチェスター戦略を貫くランチェスター思考は、次のようなものである。

❶戦略は、常識であり、複雑にむずかしく考えるべきものではない。
❷常識を吟味し、正しい常識にもとづいて、なすべきことをしていく。
❸実感の伴った、意味ある数字を設定し、チャレンジする。
❹優れた者に学び、劣った者に勝ち、高い目標を段階的に達成していく。
❺「何（ＷＨＡＴ）」と「なぜ（ＷＨＹ）」を、まず、はっきりとさせる。

……そして、決定的に重要なことは、

❻「戦力の集中、分散の回避」である。

ランチェスター戦略の次の3つの原則もランチェスター思考である。

❶自分が強者なのか弱者なのかを、はっきり数値で認識する。

❷自分が弱者であれば、勝てる戦いの場を設定しなければならない。
❸勝てるか否かは、客観的、論理的に判断しなければならない。

また、チャンスの逸失と破滅を回避するために知るべきことがある。

❶勝ち目のないところに力を入れていれば、他で勝つチャンスを逃がす。
❷勝てるところに力を入れ、勝てそうもないところからは手を引く。
❸戦況が味方にとって不利ならば退却する。

ビジネスの世界で戦うには、次の現実を知らなければならない。

❶企業間の戦いは、マーケットシェア率をめぐる戦いである。
❷商売は、最後は量である。量よく質を制す、という一面をもっている。
❸マーケットシェア率が、あるレベルを超したなら、安全性、利益率、持続可能性、拡大可能性、成長性が飛躍的に向上する。

そのために、わきまえなければならないことがある。

❶つづけて勝たなければ本当の勝ち方はわからない。
❷一回限り勝つというのは、フロックかもしれず、長期的、継続的な勝ち方とは関係がない。
❸各社が戦略的になればなるほど、戦いは長期化し、かなりの年数が、マーケットシェア率の推移を評価するためには必要である。

だが、マーケットシェア率を高めるだけでは、まだ、不安定である。

❶戦いにおいて絶対的に有利な立場にあるのはナンバーワンだけである。

❷ナンバーワンだけが安定し、それ以外には安定の条件はない。

❸ナンバーワン商品がひとつもないのでは、決して、ツキにはのれない。

では、どうするのか。

❶地域や商品などをセグメントしたシェアを求めれば、強者としての地域もあれば、強者の商品も有していることを発見するに違いない。

❷徹底的なセグメンテーションによって、強者の立場に立てる部分を原点において自覚したときにははじめて、自信というものが生まれてくる。

❸小さくてもナンバーワンになれる、ないし、なっている得意分野を見つけ、それを起点に、ナンバーワンの領域を広げていく。

また、独創的な商品を開発すれば成功するというのは、甘い考えである。

❶新商品は、独創的であればあるほど、売るのが難しい。

❷一部の例外を除いて、はじめから爆発的なブームなど起こるはずがない。

知るべきは、新商品のヒットが、すさまじい競争を生むという現実である。

❶新しいアイデアや技術、ノウハウで、まねられないものはめったにない。

❷先発のやることをじっと見ていた後発組は、デモンストレーションの時期をチャンスと見てとり、

間髪を入れずにミートし、参入してくる。
❸特許申請は、技術やノウハウを詳細にさらすため、裏目に出ることが多い。

これ以外に、弱者の戦略・強者の戦略をはじめ、多数の重要な指摘がなされているが、とりあえず、これらを改めて確認することで、ランチェスター戦略の理解が、一層、深まるはずである。

2 失われた15年論への疑問

1990年代初めのバブル景気の破綻から、2004年の景気回復までの時期を失われた10年とか15年と揶揄する論が広まり、その間、日本企業の多くは、これといった戦略をたてることができず、無為無策に終始したかのように決めつける論が流布され、それが常識のようになっている。

しかし、それは、3つの点で間違っていると思う。

❶需要が伸び悩む、ないし、縮小基調にある一方で、土地や株式の急落で、失敗のバッファーとなる資産が大きく毀損された状況では、よほどの勝算が見込まれる案件が出現しない限り、新たな試みをしないことは、「**持久戦略**」という立派な戦略であり、正しい戦略である。
❷総売上が、長期にわたって低迷している企業には、売上を大きく減らす商品がある一方で、大きく伸ばした商品をもつ企業があるにもかかわらず、同じような商品を、おなじように売っていたと思い込んでいる。
❸企業が、チャレンジャブルな新たな試みをしないことで、また、余剰資金を貯め込み、投資に用い

ないことで、企業失格のように非難するのは、新たな試みの成功可能性がきわめて低いビジネスの恐ろしさを知らず、また、企業の不測の事態への対応能力を減じ、その持続可能性を著しく低下させる暴論である。

そして、その時代を戦い抜き、生き残った企業は、ランチェスター戦略を知らずとも、期せずして、同様の戦略をとっており、少なくとも、それを貫くランチェスター思考に反する戦略をとっていないと思う。２００８年より、企業を巡る状況は、急速に悪化しているが、それは、ランチェスター戦略の有用性を、さらに高めるものとなろう。

なぜなら、ランチェスター戦略は、本論の最初に指摘したとおり、「衰退期に生き残るためには、これしかないという、市場リーダーシップ戦略とニッチ戦略」だからである。

3 非営利組織にとって、使い勝手の良い戦略論

学校、病院、ＮＰＯなどの非営利組織の多くにとって、ランチェスター戦略は、効果的なだけでなく、大変に使い勝手がよい戦略論である。

なぜなら、マーケットとなる活動領域が、ごく一部の組織を除き、比較的狭い地域に限定されているからである。

また、業界の外にも、持続可能性を脅かすライバルが多数存在する企業と異なり、ライバル、ひいてはマーケットの範囲が特定しやすい。

一般消費財とは異なり、代理購買が少なく、顧客とユーザーが一致している場合が多い。

何よりも、企業のように、出資者から大きな利益と高い配当を求められることもなく、マーケットシェアの維持、拡大に専念できる。

とりあえず、マーケットとライバルを特定し、市場占拠率の目標数値モデルをもとに、自らの位置づけを確認し、その上の目標値を達成するには、どうすればよいかを考えてみてはどうだろうか。

そこに、これまでは気づかなかった現実と課題に気づき、持続可能性を向上させるための、そして、適合性、実行可能性、受容可能性をみたす戦略が生まれると思う。

最初から、うまくいくとは限らない。

戦略は、ＰＤＣＡサイクルで、必ず達成しなければならない計画ではなく、将来予想から、今やることを決めるものだという発想で、どんどん修正していけばよいのである。

4 ランチェスター戦略のバージョンアップ

私は、ランチェスター戦略は、現実的で、合理的な戦略論と実感し、実際の戦略の策定や見直しでも使ってきた。

しかし、ランチェスター戦略には、解決策が提示されないままの課題も数多く含まれている。

もし、田岡が早世しなければ、当然、取り組んだと思われる課題もある。

たとえば、戦略的連携であり、軍事戦略で最も重要な課題とされ、多くの日本企業が、取り組んできたそれに、田岡が気づかなかったはずがない。

戦略を実行するための組織力の強化や、不測の事態への対応についても、断片的に触れたにとどまっている。

ここに、ランチェスター戦略のさらなる発展と、適用範囲の拡大のためのバージョンアップが望まれる。本論は、そのたたき台の一つとなることも意図しており、読者各位の忌憚のない、ご意見、ご批判を期待する。

〔注記〕本論は、ランチェスター戦略を貫くランチェスター思考と、その戦略のコアと思う部分を摘出し、関連分野の理論と私自身の経験からえられた認識を用いて、「ランチェスター戦略とは何か」を論じたものである。

そこで、地域戦略、代理店戦略、その他の分野別戦略については触れず、また、戦術も、ごく一部を紹介したにとどまった。これらについては、田岡信夫の著作を読んでいただきたい。また、それを読むことで、ランチェスター戦略を、より適切に理解し、効果的な戦略をたてることができる。

ランチェスター思考
競争戦略の基礎

［田岡信夫・遺稿より］

田岡信夫の戦略発想・他社に勝つセールス

［特別寄稿］

ランチェスター戦略の課題
——倫理を基底にすえた競争戦略の追求

矢野経済研究所特別顧問◉矢野 弾

コンサルティングの現場から
——ランチェスター戦略の教育・活用・成果

NPO法人ランチェスター協会理事・研修部長◉福永雅文

ランチェスター戦略に賭けた田岡信夫と経営者たち

NPO法人ランチェスター協会理事長◉田岡佳子

〔田岡信夫・遺稿より〕

田岡信夫の戦略発想・他社に勝つセールス

ランチェスター戦略には、戦術論が数多く含まれている。

ここでは、田岡信夫の遺稿集『総合ランチェスター戦略』の「第5章　他社に勝つセールス」より、「1　戦略的セールスマンの育成」、「2　情報の収集とその管理」、「4　新規開拓の仕方」を、全文、そのまま転載する（なお、節番号4は3に改めた）。

これは、二十数年前、すなわち、バブル景気がはじまる前の状況をふまえた、消費財メーカーの営業マン向けのものである。

しかし、今日も、また、メーカー以外の営業マンにも適用できる留意点と方法が、多く含まれている。

それは、戦術レベルのハウツーを提示するものであるが、ランチェスター思考から生み出される戦略論から説き起こし、「WHY」を理解させることに大きな努力を払っている。

本論では紹介しなかった、地域戦略、代理店戦略、その他の戦略でも、同様のスタンスで、具体的な戦術まで論じている。

田岡信夫が、ランチェスター戦略を、実際に、いかに論じたかを紹介したく、また、内容的にも参考になると考え、NPO法人ランチェスター協会・田岡佳子理事長の承諾をえて転載した。

（福田秀人）

1　戦略的セールスマンの育成

戦略的セールスマンの時代

全体の産業の三分の二以上もが成熟市場にとび込んでしまっているわが国の市場環境のなかで、二次曲線的な需要の伸びを期待することがいかに絵空事にすぎないかということは、ここであらためて強調するまでもない。

むしろ、需要の原点ともいうべき人口の伸び率が、一九七八年で一％を切って以来、いよいよ低下の一途をたどってきているということから、需要そのものの伸びの鈍化傾向は一層進み、いまではゼロ成長時代の到来といわれる状態を迎えるまでになってきている。

新規需要拡大が、そのまま企業伸長の課題であった高度成長時代とは異なり、販売実績を上げるためには、他社の売り上げを奪取していくしか道がないというのが現実といえよう。

このような激烈な競争時代を生き残るための条件は、戦いに勝つための戦略と、それを実践に移す行動力、決断力以外にはない。

いってみれば、もはや共存共栄の時代ではなく、シビアな意味でいえば、強者しか生き残れない「強存強栄」の時代なのである。なにしろ勝つためには敵を叩かなければならない。戦略が求められている背景が、実はここにある。

販売戦略については、各企業において現実にかなり討論も行われ、それなりの戦略立案もなされているが、さほど実績が上がっているようにも思えない。正確にいえば、実績の上がっていない企業のほうが圧倒的に多いというのが現状である。これは、戦略そのものに問題があるだけではなく、実地に戦術面を担当しているセールスマンや、その管理にも問題があるからではなかろうか。

とくに高度成長時代に育ったセールスマンは、売る技術を身につける以前に、何となく売れてしまったという経験をもっている。そのような、あまり苦労を知らない過去の幸せな体験が、逆にそういう人たちに非戦略的、非攻撃的体質を身につけさせてしまう結果になったといえよう。

非戦略的、非攻撃的セールスマンは、おおむね以下のような特性を有している。

(1)実績が上がらないのを製品や価格のせいにして、自分の売り方についての反省をもたない。
(2)製品に対する愛情や自信がないため、商品知識に乏しく、製品の説明にも迫力がない。
(3)エモーショナルな感情に流されやすく、客観的でロジカルな発想に乏しい。
(4)実際に訪問もせず、どうせ行ってもダメだろうという仮定で判断しがちである。
(5)得意先を訪問するにしても、競争を避けようとして、習慣的に、あるいは機械的に同じところばかり訪問する。
(6)昔のことが頭にこびりついているため、何かにつけて古い話が出るし、過去の基準で現在を見たがる。
(7)競争に弱く、競争が激しくなってくるとすぐ値引きしてしまう。

以上のようなタイプのセールスマンは、現在、ことごとく売り上げ不振に陥っている。どのようにすぐれた的確な戦略が立案されようと、セールスマンがそれなりに行動しなければ、戦略そのものは机上の空論として形骸化されてしまうだろう。

今日のような戦略時代にあっては、やはり戦略的、攻撃的な発想と体質をもったセールスマンしか実績を上げえない。営業幹部、マネジャーはもとより、セールスマンが戦略的な発想と体質をもつことが、戦いに勝つための前提条件なのである。

発想転換の三つの課題

戦略的な発想の基本は、勝つ方法を考えることである。それには、次の三つのことが前提になろう。

(1)自分が強者なのか弱者なのかを、はっきり数値で認識する。
(2)自分が弱者であれば、勝てる戦いの場を設定しなければならない。
(3)戦略は勝つためにあるわけだが、勝てるか否かは、あくまでも客観的、論理的に判断しなければならない。

非戦略的セールスマンを戦略的な体質に変えるためには、まずその発想を転換させなければならない。発想には次の三つの課題がある。

①ゼロベース発想
②ポートフォリオ発想
③スケール・デメリット発想

まず第一の課題であるゼロベース発想だが、これは過去の経験による先入観や固定観念を捨てることを意味する。過去はゼロと考え、その延長線上で現在や未来をとらえない。これは、とくにセールスマンにとっては重要である。

現在、需要や、それをめぐる競合状況は、地域によって格差があるだけではなく、時々刻々と変わりつつあり、過去のデータは、そういった変化のなかではあまり参考にならなくなってきているのである。過去はあくまでも過去であって、未来にはつながらない。市場環境のめまぐるしい変化のなかで過去を重視することは、戦略を歪んだものにしてしまう危険性をもつ。
そういったことから脱却するためには、セールスマンは、
ⓐ細分化した地域別の総需要の大きさと、その伸び率の変化
ⓑ細分化した地城別のシェア・ランキングの変化
ⓒ得意先別の売上高と、そのランキングの変化
という三つの項目について現状を認識しなければならない。各項目の変化の大きさを認識することによって、過去の経験にとらわれない発想が身についてくるはずである。

発想転換の第二の課題は、ポートフォリオ発想である。それは、現在の時点で重要なものとそうでないものとをはっきりさせる決断力のことだ。
ポートフォリオとは、もともと有価証券の一覧表などを意味することばである。マーケティングとしては、アメリカのGE社の製品戦略（プロダクト・ポートフォリオ・マネジメント）で有名になったものだ。具体的にいえば、
ⓐ市場の成長性
ⓑ商品のライフサイクル
ⓒマーケットシェア
ⓓ利益の絶対額
という四つの要素をその基準に置き、なかでもⓐの市場の成長性と、ⓒのマーケットシェアの二つを基本指標として、製品の追加や切り捨て、あるいはその組み合わせを考えるところに、ポートフォリオ戦略の大きな特徴がある。もう少しわかりやすくいえば、重点を置く製品と、切り捨てる製品とを明確にするということだ。この考え方は、店舗や営業拠点におけるスクラップ・アンド・ビルドの問題とも

つながっていく。
いま書いたように、戦略発想の基本は勝つための方法を考えることだから、当然、勝てるものや勝てるところには力を入れなければならないわけだが、逆に、どう考えても、勝てそうもないところからは手を引くことも重要である。わが国には撤退を恥と考える風潮が根強くあるが、それは決して恥ではない。あくまでも戦略の問題である。
これはセールスマンの場合も同じことで、勝てるところには力を入れ、勝ち目のないところからは手を引いたほうがよい。勝ち目のないところにいつまでも力を入れていたのでは、他のところで勝つチャンスを逃してしまうことにもなりかねない。したがってセールスマンには、その行動力とともに、勝てるか否かの客観的、論理的な判断力も要求されよう。だとすれば、勝てるか否かの判断基準や、どの段階で判断を下すかといったことなどについて、標準化しておくということも、当然、考えるべきではなかろうか。
ポートフォリオ発想に立ったとき、セールスマンは、
ⓐいま力を集中しなければならない商品は何で、地域、業種、得意先はどこか
ⓑ手を引かざるをえない商品は何で、地域、業種、得意先はどこか
という点について、常に考えるようになるだろう。
発想転換課題の第三は、スケール・デメリット発想である。勝つためには大小にこだわらないということだ。
スケール・デメリットの反対がスケール・メリットであることは、いうまでもない。大規模による効果、すなわち大量生産、大量仕入れ、大量消費の良さをあらわしたことばである。高度成長時代のわが国は、まさにスケール・メリット志向であり、「大きいことは、いいことだ」という時代であった。だ

が、ゼロ成長時代の現在、大きいことだけを重視することは、デメリットにつながる危険性をもつ。セールスマンの多くは、ノルマに追われるあまり、いまだに大市場や大口の顧客を重視し、小市場や小口の顧客を軽視しがちな発想をもっているようにも見受けられるが、もしそうであったら、これは改めなければならないだろう。

先にも書いたように、現在は強者でなければ生き残れない時代である。とすれば、小さい地域でも、商品でも、得意先でもいい、とにかくひとつでも多く勝ち、そのなかでの強者の地位に立つことが必要になってこよう。それがまた、最終的には全体で勝つことにつながっていく。

だが、小さいものにも目を向けなければならないということは、誰にでも考えることはできても、いざ実践するとなると、なかなかむずかしい。それは手間もかかるし、売り上げも落ちてしまうという危惧を抱くからだ。

しかし、にもかかわらず、小さいものはやはり重視していかなければならない。たしかに小さいものは、数をこなさなければどうしようもないだろう。だが、たとえば宅急便はどうだろうか。この成功例は、まさにスケール・デメリット発想の勝利を物語っているといっていい。小口貨物に関しては、それまでどの運送会社もあまり積極的な取り組みを見せなかった。手間ばかり食う、というのがその理由である。ところが、宅急便は成功した。

こういったスケール・デメリット発想は、マネジャーから身につける必要がある。そしてセールスマンが勝ってきたときは、たとえそれが小さいものであっても、評価するようにしなければならない。

スケール・デメリット発想として、営業マンが心得ていなければならない事項をまとめると、次の三点に集約されよう。

ⓐ大型商品よりも小型商品に力を入れる
ⓑ大口顧客より小口顧客、中口の顧客を重視する

ⓒ大市場より中・小市場を重視する

まず、第一の事項から簡単な説明を加えていきたい。これは、新規開拓においては、とくに小さいものから取り引きすることが重要であるという前提からきている。新規開拓がむずかしくなるのは、最初から大口取引を狙うからだ。商品も小型商品によって実績や知名度を上げてから大型商品を売るようにしたい。その意味で小型商品は戦略的商品なのである。

第二に、大口顧客よりも中口顧客、小口顧客のほうが重要なのは、ひとつは大口顧客をめぐるメーカー間の競争が激しく、むしろ顧客のほうの立場が強いからである。したがって結局は値引き競争になるか、かなりのサービスを要求され、たとえ受注できても利益が出ないということになりかねない。

また、大口顧客は、納入比率を考えて、取引相手を一社に偏らないように操作するため、競争相手に差をつけるのがむずかしいという問題もある。その点、中口顧客、小口顧客のほうがメーカーや卸と一体化しやすい構造をもっており、それだけに、こういった中口顧客、小口顧客を育てる、という発想をもつことが重要になるといえよう。

第三に、大市場よりも中・小市場を重視するべきである。大市場は、どの企業も重視しているだけに、大競合地帯になっており、したがってここで勝つことは容易なことではない。勝てたとしても、他社に大きな差をつけることは困難である。むしろ、小さな市場で勝ち、その積み重ねで企業を伸ばす姿勢が望ましい。営業マンにとっても、小さな市場で勝ったという実体験が、きわめて大きな効果を発揮するようになっている、という事実を認識するべきであろう。

2　情報の収集とその管理

情報とデータのちがい

セールスマンの機能には、
①受注活動とそのためのアプローチ
②情報の収集と顧客管理活動
③得意先との関係の強化
④競合他社に対する優位性の維持
の四つがあるが、なかでも最近は、②の重要性が非常に増してきている。

戦略の出発点は、自分の置かれている環境と立場を客観的に認識するところにある。それも、感覚的に、あるいは大まかに認識するのではなく、実数で、ミクロ的な情報に基づいて把握していかなければならない。その意味では、まさに「情報なくして戦略なし」なのであり、情報の収集とその管理こそ、すべての戦略の前提条件なのである。

的確な戦略を立案するためには、少なくとも正確な情報がなければならない。直接販売の比率の高い企業や、強者の企業が実績を上げているのも、情報力の差ということもできよう。直販の場合は、セールスマンが直接、顧客を訪問しているために、市場の現況をより正確に把握できるし、強者の場合は弱者にくらべ、得意先数、代理店数、さらにはセールスマン数が多いために、情報が豊富で正確だからだ。ローラー調査の必要性のひとつは、この正確な情報の収集にあるといえる。

このような、戦略の基本ともいうべき情報収集の重要性を、セールスマンはもとより、スタッフがどれだけ認識しているだろうか。もし情報というものを軽視して、情報収集活動を怠っているとすれば、それは情報がどう戦略と結びついているか知らないか、あるいはその結びつけ方を知らないからであり、また、重要な情報と、そうでない情報とを区別できないからであろう。

情報の重要性を認識させるためには、情報とデータのちがいを、まず明らかにする必要がある。

現在、私たちの周囲には、データや情報が掃いて捨てるほど転がっている。だが、データや情報は、かならずしも多ければ多いほどよいとはかぎらない。役に立たないものばかり収集するとしたら、それはムダであるばかりではなく、物事の本質を逆に見失わせることにもなりかねないだろう。

私たちは、そのときの気分によって、情報とかデータということばを使い分けている。だが、この二つのことばのちがいを鮮明にさせることは、情報の必要性を認識するためには欠かせないひとつといっていい。

では、そのちがいとは何か。おおまかにいえば、データとは知りえた事実であり、情報とは意思決定につながるものである。いい換えれば、データとはそれを見て「そうか」と思うものであり、情報とは「こうすべきだ」と考えるものである。もちろん、データを情報に変えることは可能であり、またそれこそが大事なことなのだが、データがデータのままでは、それがいくらたくさんあっても、戦略やセールスマンの行動に決して結びついていくものではない。必要なのは、行動につながる情報なのである。

データの分析と細分化

データを情報にするためには、

①データの分析能力をもつ

②データを細分化する

という二つの基本条件が必要である。

まず①についていえば、たとえば「A地域は盆地である」という事実がある場合、この事実を単に

「そうか」とデータに終わらせてしまうセールスマンもいるかもしれないし、あるいは次のように分析するセールスマンもいるかもしれない。

「盆地は周囲を山で囲まれているため、もともと他の地域との交流がきわめて少なかった地域であり、現在でも他の地域の影響をあまり受けない独立的な市場といえる。こういった地域での戦いは、盆地という限られた狭い範囲の戦いだから、ランチェスター戦略でいう局地戦となるはずである。わが社は弱者であり、当面広域戦では勝てそうもないが、この盆地に集中攻撃をかければ、局地戦だけに、ここでだけは勝てるかもしれない。よし、もう少しこの地域のことをくわしく調べてみよう。」

このように、同じ事実でもそれを見る人によってデータのままであったり、情報に変質したりする。要するにデータの分析能力をもつことが、情報をデータのままに放置しないための必須条件といえよう。

次に、②のデータを細分化するという点だが、この場合の細分化ということには、データそのものを細分化するという意味と、細分化した地域別にデータを見る、という意味の二つが含まれている。

データそのものを細分化するということは、たとえば人口を見る場合でも、総人口というとらえ方をするのではなく、年齢別人口とか男女別人口といったように細分化してデータを見るということにほかならない。かりに、「A市の人口は一〇万人である」というだけでは情報にはなりにくいだろう。それが「人口一〇万のA市にはニューファミリー層が四〇%も集中している」となった場合はどうだろうか。

「わが社のこの商品は、後発であるうえに広告宣伝もあまりしていないために、知名度も低く苦戦している。だが対象をニューファミリー層に絞れば、彼らは最寄り買い商品だったらブランドにこだわらない傾向と、いままで購入していた物とちがう物を買う傾向とをもっているから、何とかなるかもしれない。それならば、ニューファミリー層の集中するA市を狙おう。」

このようなことになっていくこともありえよう。つまり、データそのものの細分化によって、データは情報になりうるわけである。

これは販売のデータでも変わらない。この場合も、販売額の合計で見るのではなく、得意先別、商品別の数量でとらえるような細分化が重要となってくる。

次に、細分化した地域別にデータを見るという点に関してだが、なぜそれが必要なのかといえば、それは地域別にデータそのものに大きなバラツキがあり、トータル的なマクロ的なデータでは情報にもならないし、戦略にも対応しえないからといえる。情報の収集が必要なのは、このバラツキの要因を追求するためにほかならない。

たとえば、あるセールスマンの担当地域における全体のシェアが二〇%であるとしよう。だが、この二〇%というシェアは、あくまでも全体の平均値にすぎない。各市町村におけるシェアがすべて二〇%であるはずもないし、また、この二〇%という数字からは、何のアクションも生まれない、ということも考えてみるべきだろう。A地域一八%、B地域二二%、C地域二五%……というように、細分化した地域別にシェアを把握してはじめて、どの地域を重点地域にするべきかという結論も出てくるし、そこからおのずと行動も生まれてくる。

データの細分化が、データを情報へと変質させる基本的な条件のひとつであるというのは、以上のような点を指すわけである。

情報の種類とそのとらえ方

情報には大きく分けて地域情報と販売情報とがあり、それぞれに定量的情報と定性的情報とがある。定量的情報とは、地域情報でいえば、人口や世帯数、商店数、工場数、事業所数、あるいは商業販売額、工場製品出荷額など、数量化できる情報をいい、定性的情報とは、気候や歴史、風土、地形、県民性、商習慣などといった数量化しにくい情報のことをいう。

一般に地域情報は、「〇〇県とは」という感じの、学校の社会科的な情報と考えていいが、以上にあげた定量的情報も定性的情報も、それぞれが細分化された地域別に必要である。なかでも定量的情報のうちの人口は、年齢別、男女別、職業別、未既婚別に、世帯数は構成人数別、居住形態別に、商店数以下、工業製品出荷額までは業種別、規模別にそれぞれ分類してとらえるべきであろう。

定量的情報は、各都道府県庁や市役所、市町村役場から収集できる。総理府や通産省などの中央官庁よりも早く安く入手できるという点でも、セールスマンが担当地域別に情報収集することのほうが望ましい。

地域情報の見方としては、各情報の実数や伸び率などが、総需要やシェアのバラツキと、どのような関連をもっているのか、をつき合わせて考えてみることがまず重要である。また地域情報そのものも、その地域が産業構造として商業地域なのか工業地域なのか、うち者地域なのかよそ者地域なのか、成長市場なのか成熟市場なのか、独立市場なのか重複市場なのか、といったような分析をしたとらえ方が必要であろう（独立市場とは周辺の地域とのつながりが薄い地域のことをいい、重複市場とは周辺の地域との重複性の強い地域のことを指している）。

以上のような地域情報に対して、販売情報とは、総需要、シェア、セールスマンの訪問動向など、セールスマンにとっては非常に身近な情報である。日常の活動の成果が情報となってあらわれたものといってもいい。地域情報が戦略の方向を決めるものであるのに対して、販売情報は戦略そのものを決めるといっていいほど重要なものである。

販売情報としては、得意先の情報だけではもちろんなく、次のような情報が細分化した地域ごとに必要である。

○**定量的情報**──全顧客数、総需要（商品別、顧客層別）、各社ごとの実績シェア（商品別、顧客層別）、構造シェア（取引店率、A・A店率）、卸各社ごとのシェア（商品別、顧客層別）、各社別セールス

マン数、セールスマンの平均訪問件数、値引き、リベート状況

○**定性的情報**――各社の販売戦略、販売戦術、各社の販売拠点、テリトリー、各社別人脈、各社の評判、得意先情報

以上の販売情報のなかでも、重要なものは全顧客数、総需要、シェアの三つだが、これらはサンプル的な調査では、その実態をつかむことができない。そこでローラー調査がどうしても必要になってくるわけである。

販売情報のとらえ方としては、実数や伸び率はもとより、商品別、顧客層別の総需要のバラツキや、シェアのバラツキを分析しなければならない。バラツキの原因をさぐることが、そのまま戦略につながっていくからである。また各社ごとの実績シェア以外に、取引店率やA・A店率から構造シェアを算出する必要もある。

3 新規開拓の仕方

新規開拓はなぜ困難になったか

いま、どの会社でも新規開拓がいちじるしく減少している。

新規開拓の必要性はいまさらいうまでもないことだが、営業マンの毎日の行動を業務記録などによって調べてみると、どの企業も共通して、セールスマンの新規開拓率や新規開拓件数が、上がるどころか落ちてきている、というのが実態となっている。なぜこのように新規開拓にかける時間もその件数も少なくなってきているのだろうか。その理由として、まず次の三つの点についてふれておきたい。

第一に、成熟市場の構造そのものが原因となっていると考えられる。製品の普及率が六〇%を超えて

くるというのが成熟市場の構造だが、それはとりもなおさず新規需要がそれだけ少なくなってくるということを意味している。つまり成熟市場のなかでは、見込み客そのものが減っていかざるをえない。したがって、そのなかでの新規開拓とは、実質的に他社の得意先、他社の取引店やユーザーを奪取することとイコールになってくる。つまり、需要の開発による見込需要の創造ではなく、他社の取引店を奪い取るセールスが、現在における新規開拓ということになってこざるをえない。

それは取引店率を上げるための新規開拓であって、成長市場のなかでのような、全くのゼロから開拓するといった新規開拓とは、本質的にその内容を異にしている。

新規開拓が困難になっている第二の理由は、現在の新規開拓が、新製品の開発や新製品のシェアアップという目的とセットになって、その重要性が問われている点にある。つまり、すでに自社と取引関係にある既存の得意先に対して新製品を売ってくるセールスも、新規開拓と考えるのであって、これまでのように全く新しい得意先を開拓してくることだけを新規開拓と考えるのではない。たとえば、既存の特約店とともに新しいユーザーを回るような、いわゆる開拓セールスも、成熟市場のなかでは明らかに新規開拓なのである。要するに、これまでのセールス活動の概念ではとらえきれなくなってきたところに、新規開拓がむずかしくなったと思われる原因のひとつがあるといえよう。

新規開拓が困難な第三の理由は、セールスマンの自己管理だけで新規開拓の対象である得意先を発見することが無理になってきたという点にある。つまり、対象となる得意先や顧客を、絶えずリストアップしておかなければどうにもならない。特定の地域、あるいは特定の業種、業態を対象とした全数の対象店を相手に、取引関係の実態や商品別の扱い高の実態を調査する、いわゆるローラー調査の必要性が生まれてきたのはそのためである。

ローラー調査は、たとえば小売店の場合なら半径五〇〇メートルのなかの第一商圏をモデル地区として調べるというように、まず一定の地区を定め、一地区ごとに集中的に実施しなければならない。その意味では、サンプル調査とか割出抽出法といった調査方法とは、その目的を異にしている。

そもそもローラー調査の目的は、具体的な売上高の確保にあるのであって、ただ単なる実験的な調査でもなければ、おおよその予測や推定のための調査でもない。もう少しくわしくいえば、具体的な販売の標的なり、ツボと呼ばれる得意先や顧客をリストアップし、確実な売り上げやシェアの確保に結びつけていくことを目的にするのがローラー調査なのである。つまり、全体を一度徹底的に調べることによって、未取引の実態や、メーカーなり卸売業の取引別の力関係が浮き彫りにされて、はじめて新規開拓の対象が把握される。

こうして新規開拓先のリストを用意するわけだが、通常このような活動は顧客管理と呼ばれる範疇に属しよう。「顧客管理なくして新規開拓なし」といわれる意味は、そこにあるのだと認識していただきたい。

新規開拓の基本

新規開拓がいちじるしく減少してきた理由として、以上、外部環境の変化からくる開拓困難要因をあげてみたが、もちろん原因はそれ以外にもある。たとえば、新規開拓とは、他社の得意先や顧客を奪い取ることだと書いたけれども、それは得意先や顧客の側から見れば、これまでの取引をやめ、新たな取引をはじめるということにほかならない。だが、人間には一般に、これまでの習慣を変えることがめんどうだとか、不安だ、という気持ちがある。つまり新規開拓にも拒否反応を示す場合が多いわけで、それが新規開拓が困難な一般的な要因になっているということもいえよう。

また、とくに好況期を経験してきたセールスマンには、基本的なセールス・テクニックや基本動作をもたないまま、結構実績を上げてきた人が多い。物不足で需要が水ぶくれしていた時代には、特別に新規開拓をしなくても得意先から注文が殺到していたのである。したがって、こういう時代を順調に経過してきたセールスマンは、新規開拓の経験をあまりもっておらず、それが現在になっても新規開拓ということから彼らを遠ざけている要因になっているということも、事実として考えられよう。

さらに、ことさら新規開拓をしなくても、結構ノルマを達成できるセールスマンも現実にはおり、そのことがまた、新規開拓率が増えない原因のひとつになっているとも考えられる。たとえば、キャリアを積んだセールスマンは、昔からのつながりで大口の顧客をもっており、押し込み販売などを少しやれば、ノルマはなんとかこなせるケースが多い。またセールスマンの評価も、一人当たりいくらという売上金額の結果だけを重視する企業がほとんどであり、とくに新規開拓をしなくても高く評価されているというのが実状なのである。

もうひとつ、セールスマンのあきらめのよさも、新規開拓件数の落ち込みと無関係ではない。どうせダメだという仮説や先入観が、新規開拓への意欲をにぶらせ、見込み客を逃がす結果を招いているのである。現実に実績を上げていないセールスマンほど、こういった仮説や先入観を強くもっているケースが多い。最近では、執念深い粘りのあるセールスマンが少なくなってきているが、見込みのありそうな顧客には、お百度参りするくらいの覚悟がやはり必要であろう。

私は以前、ウイスキーメーカーであるO社の営業マンやマネジャー三〇名を対象にひとつの実験を試みたことがある。東京の杉並区にある二四〇店ほどの酒販店を回り、O社の新製品のウイスキーを取り扱っているかどうか、今後取り扱う意志があるかどうかを調査することがその目的であった。結果はどうであったか。三〇名のうち八〇％までの営業マンが「取扱いの見込みなし」という回答をもって戻ってきたのである。

いったいO社の営業マンは何度訪問して「見込みなし」の判断を下したのだろうか。三〇名の一人ひとりにその新規開拓の訪問回数を尋ねてみると、そのうちの六〇％が二回目の訪問で見込みなしと判断していることがわかった。二回の訪問では、断られるのは当然である。

アメリカの保険会社の社長レターマンという人に「セールスは断られたときからはじまる」という有名なことばがある。新規開拓において、見込み客となるかどうかの判断は、四回目の訪問のときに行うのが常識であり、二回目の訪問で判断するようでは、セールス技術の基本に欠けているといわれても仕方がない。これでは断られたときからはじまるのではなく、断られたときにすでに終わってしまっているようなものだ。

そこでO社の営業マンにも、さらに二度の追加訪問をしてもらい再調査を試みたところ、二〇%近くの酒販店がその新製品のウイスキーを店頭に置くことを承諾したのである。新規開拓のセールス技術についての基本訓練がいかに必要であるかということを、このときほどつくづくと実感したことはない。

新規開拓＝四回訪問の原則

新規開拓には、四回訪問の原則というものがある。いま書いたように、どんな顧客でも、四回訪問してから見込みのあるなしを判断せよということだ。

端的にいうと次のようになる。

①一回目の訪問＝いやだ
②二回目の訪問＝ダメだ
③三回目の訪問＝困る
④四回目の訪問で見込みのあるなしを判断する

第一回の訪問では「いやだ」といって断られる。二回目に訪問すると「ダメだ」といって居留守を使われる。三回目には「何度来られても困る」と本音をいわれる。だから四回目の訪問で見込み度の判定をせよ、ということだ。

一般に初回訪問では断られるのが普通なのである。ひとつはテストと考えていい。断られても二度、三度と訪問してくるかどうか、その熱意の度合いがテストされているわけである。もうひとつはタテマエ上の断りである。つまり、断るのがひとつの習慣になっているといっていい。したがって初回訪問では、相手にどういう印象を与えてくるか、熱意をどのように示してくるかが問題となろう。セールスマンの正直さ熱心さを伴った人柄を印象づけることが何よりも重要である。

タテマエで断られるのは二回目の訪問の場合も同じである。ただし、二回目の訪問では、はっきりとわかるような居留守を使われることが多い。それでいて代理人や使用人に、そのセールスマンの人相や、やり方、性格などを観察させ、報告させたり、どのくらいの間隔をおいて二度目の訪問にやってきたか、その周期性や計画性などを見たりしているのである。また、この二度目の訪問では、キーマンに会うことはほとんどないと考えていい。

では、二回目訪問の主な目的は何か。それは情報の収集ということになろう。他社製品の動向、他社取引の実態、他社セールスマンの巡回度、店頭や倉庫のチェックなどがその対象となるわけだが、それには自分が会う代理人や使用人にいかに好印象を与え、彼らを味方にするかがカギとなってくる。

さて、二度目まではタテマエで断られる。それでは三度目の訪問ではどうか。この場合はタテマエではなく、ホンネの勝負になってくる。会う相手も、キーマンが現れることが多い。ただし、OKをいうために現れるのではなく、はっきりホンネで断るためである。

この場合、相手がホンネを吐いたら、こちらもホンネを吐けというのが原則である。ホンネにはホンネで勝負する。そして、相手にこちらの誠実さや熱心さを印象として与えるのである。ただし、この三回目の訪問ではあまり長居をせず、早々に引き上げ、次の四回目にすべてをかけるようにすべきであろう。

そして四回目の訪問で、初回から積み上げてきた情報を考慮に入れながら、見込みのあるなしを判断するのである。

以上のような四回訪問の原則は、先にも書いたように、高度成長時代の営業経験に馴れ切ってしまっているセールスマンや、犬も歩けば棒に当たる式の営業経験だけで自分の営業歴の三分の二を過ごしてきたようなセールスマンには、必要なかったせいか、ほとんど身についてはいない。いま多くの企業で、中堅管理者やベテランと呼ばれているセールスマンの再教育が問題となっているのは、そのためである。

その意味では、もう一度基本に立ちかえり、新規開拓の重要性と、そのための原則や訓練を見直すべきときがきている、ということを認識しなければならない。新規開拓なしには、シェアのアップはないし、したがって逆転もありえないのである。

［特別寄稿］

ランチェスター戦略の課題
――倫理を基底にすえた競争戦略の追求

矢野経済研究所特別顧問◉矢野　弾

広辞苑によると、競争とは、「勝負、優劣を互いにきそい争うこと。『生存――』『――相手』」とある。競争には強者と弱者がいる。そして、それぞれがいかに競争すべきかの手がかりとなるのがランチェスター法則であり、それに気づき、ランチェスター戦略を開発したのが、マーケティングコンサルタント田岡信夫と社会統計学者斧田太公望である。

その戦略は、高度経済成長がおわり、低成長に入り、販売競争が激化した日本で、多くの企業に用いられた。

日産のサニーとトヨタのカローラの戦いは熾烈を極めたが、遂に、カローラがサニーを追い越した。それは、販売力の差によるものであった。トヨタのセールスマン椎名保文が13年間でカローラ４５１０台を売り日本一のセールスマンとして伝説の人となった。

ランチェスター戦略を学び、大きな成果をあげた企業は、数多い。

「コクがあってキレがある」のアサヒスーパードライは、鹿児島からスタートし北海道に至る北上作戦で成果をあげていき、キリンのラガービールを逆転した。

女性用肌着のトリンプ・インターナショナル・ジャパンは、吉越浩一郎社長が就任した時の年商は115億円であったが、それを500億円にのばし、トップのワコールに次ぐ二位の座を確保した。

しかし、ランチエスター戦略は、人々を支配する価値観とニーズが、ドラスティックに変化する時代にも対応する戦略へと進化することが必要である。「だるま」と呼ばれているサントリーのウイスキー「オールド」は、年間1600万ケースを販売していたが、現在は60万ケースである。焼酎にその座を追われたのである。

だが、これは焼酎に負けたのではない。お湯割りの焼酎と梅干が健康に良いからである。消費者の健康指向には勝てない。

その焼酎の販売量が、2007年に、20%も減少した。福岡市職員が飲酒運転で死亡事故をおこしたことをきっかけに、飲酒を勧めた者も罰せられる法律が誕生し、また、アルコール飲料離れがはじまった結果である。サントリーは大きく舵をきり、ボス、なっちゃん、伊右衛門など、非アルコール飲料の販売に、一段と力を注ぐようになった。

また、ランチエスター戦略は、シェア競争に勝つことを追求する戦略であるが、倫理をふまえた、社会的に受容されるものでなければならない。日本には、勤勉、善意、調和を大事にし、また評価する価値観が形成されてきたが、競争社会では、これらの農耕民族的な価値観をふまえた倫理規範は、弱点となる場合がある。

一方、嗅覚、行動力、自己主張を評価する狩猟民族的な価値観、規範は、強みとなる。しかし、倫理観を失えば、それは一時的に大きな成果をあげても、必ず破綻する。リーマン・ブラザーズをはじめとする、アメリカの大規模金融機関の相次ぐ破綻はその実例である。

「売ってよし、買ってよし、自分よし」では、社会は認めない。近江商人は「売ってよし、買ってよし、世間よし」でなければ商売は続かないとした。社会あっての企業であり、ここに、競争の哲学を求めるべきであり、競争戦略は、それを反映したものでなければならない。

企業の競争力は、外部競争力と内部競争力に分けることができる。下の図は、競争条件を構成する要素を、私なりに整理したものである。評価は、「1—劣る、2—少々劣る、3—普通、4—少々秀れている、5—秀れている」の5段階で行う。

企業の創業当初は、A外部競争条件の「1、2、3、4」、B内部競争条件の「1、2」といった6つの要素の優劣が競争力を決める。企業が成長し競争の規模と範囲が拡大するにつれ、その他の要素にも優れなければならない。

そして、競争にさいして、決して忘れてはならないことが、「企業は社会の一員であり、社会のおかげで存続する」という事実である。

売上げも利益も社会より与えられている。これを忘れると、自己のための、利己的な動機で競争し、他がみえなくなり、転落する。図の真中に、分母に社会、

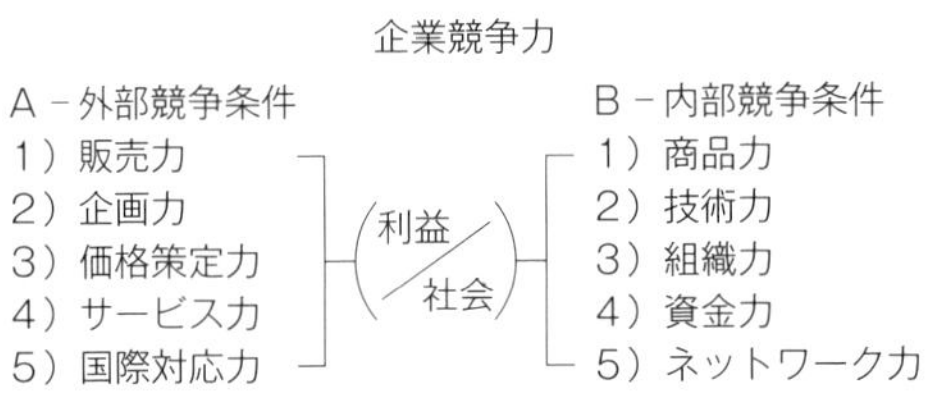

分子に利益を表示したのは、利益は、社会から与えられるものであることを示したのである。

1990年代から、声高に唱えられるようになった市場原理主義は、水平カジュアル個々バラバラ欲望社会をもたらし、企業も、社会も不幸にする愚かで危険な思想である。

企業は社会の公器であるという理念が必要である。社会と共に、顧客と共に、社員と共に、株主と共に、経営と共に、国と共に、地域と共に……である。

これは企業倫理を問うているのだが、それは、経営者の人間性とリーダーシップを問うことに他ならない。「企業は社会の一員」との自覚を失った経営者は、利益のために手段を選ばない。社会は信用、信頼により成立する。また、人間は、倫理をわきまえてこそ人間である。ルールを守る。マナーを守る。フェアな精神を持ってこそ人間であり、経営者である。

このようなことは、自由競争の効用と必要を説いた経済学の祖、アダム・スミス自身、力説していることである。必要なのは、倫理を基底にすえた競争戦略である。ランチェスター戦略は、それを、積極的に推進するものに進化すべきであり、それでこそ、社会と企業の双方にとって有益な戦略論となるし、ならなければならないと考える。

［特別寄稿］

コンサルティングの現場から

――ランチェスター戦略の教育・活用・成果

NPO法人ランチェスター協会理事・研修部長◉福永雅文

今、どんな企業や団体がランチェスター戦略を学び、取り組み、どのような成果をあげているのか。ランチェスター戦略の教育と同戦略を基盤とした経営指導を行うコンサルタントの立場で、同戦略の企業経営への活用とコンサルタントの指導の状況について事例を中心に報告する。

企業や団体がランチェスター戦略を学び、取り組む意味は3つあると私は捉えている。⑴経営の原理原則、⑵経営の共通言語、⑶地域の市場シェアである。順に解説しよう。

⑴経営の原理原則

主として中小・零細企業の経営者や起業家、それに非営利組織の経営者が経営戦略の原理原則を学び、自社の戦略の判断基準にしている。わかりやすく、活用事例が多く実務的だからであろう。

たとえば埼玉県の託児所（幼児を預かり保育する民間施設）の某園では、経営者が筆者らが講義するNPO法人ランチェスター協会主催の公開講座（毎月1回開催の6講座）で同戦略を学んだ。地域で四番手だった園は1年後には一番になり、近隣に二園目を出すに到った。

マーケットの範囲を明確化し細分化・重点化する、対象園児の年齢層を重点化する、保育サービス業務を一番手の園と差別化する、など経営の販売競争面の原理原則を判断基準にすれば、後は重点地域に経営者自らが集客チラシをポスティングすればよいのである。

このようなやり方は企業のみならず病医院・学校・NPOなど地域密着の非営利団体での活用が進んでいる。

(2) 経営の共通言語を求めて

企業の人材は今、激しく流動している。株式公開前後のベンチャー企業や新興の外資系企業など急成長している企業は社歴の浅い社員が多数を占める。そんな欧米型組織にはドラッカーが指摘した「共通言語――オーケストラの演奏が指揮者のタクト一本でできるのは楽譜があるから。経営にも『共通言語』という楽譜が必要――」が求められる。

ランチエスター戦略は弱者・強者・ナンバーワンといった市場地位を示す独自の定義があり、市場地位に応じた戦略で戦うことを指導原理にしている。市場シェア42%や射程距離$\sqrt{3}$倍といった具体的数値の判断基準がある。これらを組織で学び、会議等で使うことにより議論は論理的に進み意思疎通がスムーズになる。

合併・統合した会社や、一般大企業でも幹部候補教育の一環としてランチエスター戦略の企業内研修が行われている。東証一部上場のITベンチャー某社では社員の手帳にランチエスターのシェアのシンボル数値が記述されており、会議ではシェアの推移が必ず報告されている。

⑶ 地域の市場シェア

市場シェアがよくわかる業界ほどランチェスター戦略の活用が盛んである。業界が大きいと調査機関の統計資料が入手できる。自動車のように公的機関に届出が義務づけられている業界は正確に把握できる。業界が小さくてもルートセールス型の専門問屋などメーカー・卸・末端が特定できる業界もテリトリー内シェアは把握しやすい。住宅不動産や店舗型ビジネスも目視で地域内シェアを推計できる。

こういった業界は、ランチェスターの市場シェア理論やシェアアップのための顧客の戦略的格付けなどの実務体系が極めて有効に機能する。シェアの理論を知らず売上・粗利だけを判断基準にするライバルとの差は歴然だ。営業所長を対象とした研修を実施した大手医薬品メーカーの某社では、1年間で10％程度シェアを向上させた営業所もあった。

生産財の専門卸売会社へのコンサルティング事例

⑶を中心に⑴⑵も包括する事例を紹介しよう。この企業はグループで従業員数200名程度の地方企業だ。社歴が古く地元では地域一番問屋だが、進出した近隣県では二番手、三番手以下。新規事業分野も苦戦している。営業管理職研修を1年間で計12日間行う研修型のコンサルティングを実施した。

1月目（2日間）ランチェスター戦略導入研修、講義とケーススタディ、自社競争環境分析
2月目（1日間）ローラー調査（市場総点検活動）準備
3月目（2日間）ローラー調査実施と集計、営業担当者の活動実態調査の準備（この後1ヵ月、営業担当者の活動実態調査実施）
4月目（2日間）ローラー調査と活動実態調査を分析、シェアアップ戦略と活動計画策定

5月目（2日間）営業一般職対象にランチェスター戦略導入研修、このときに前回策定した戦略と計画を管理職が発表。この日、新たな営業戦略スタート

この後、1ヵ月後、6ヵ月後、12ヵ月後に各1日間、状況報告、軌道修正、および強化ポイント（新規開拓など）の講義とロールプレイを実施。

この研修を通じて営業管理職が自ら策定した戦略の眼目は、①地元の本業は強者だが、新地域や新分野では弱者。同じ会社であっても部門によって強者と弱者の戦略を使い分けること、②弱者営業所では重点地域、重点客層、重点商品を設定し、集中すること、③売上・粗利に加えてシェア目標を明確にすること、④シェアアップのために顧客毎に訪問頻度と基本方針を定め、営業担当者の活動を最適化すること、などである。

その結果、②の方針で地域の重点化を行い、卸売業にとって大切な納品頻度・スピードという武器効率を高めた弱者営業所が1年後に3％シェアアップした。シェアが変動しにくい成熟したルートセールス型生産財業界としては大いなる成果といえるであろう。

どの顧客の客内シェアを何％にすれば営業所全体のシェアがどうなるのか。だから、この顧客には週何回訪問しよう——具体的な数値と固有名詞を伴って論理的に説明ができるのがランチェスター戦略である。今、経営者や営業管理職は、自信をもって部下指導をしている。

［特別寄稿］

ランチェスター戦略に賭けた田岡信夫と経営者たち

NPO法人ランチェスター協会理事長◉田岡佳子

一橋大学南博教授主宰の社会心理研究所の研究員として、マーケットの調査研究にあたっていた田岡信夫は、わが国に競争原理に関する科学的な研究がないことを憂慮し、独自に競争理論の構築を模索、研究していました。そして、１９６０年12月、大来佐武郎氏などの経済官僚グループの研究会、昭和同人会編纂の『企業間競争と技術』でランチェスター法則を知り、その研究をはじめました。

そして、１９６２年の夏、高野山西門院宿坊での合宿セミナーのおり、同僚の研究員斧田太公望氏と夜を徹して議論し、その徹底的な研究と、それにもとづく科学的なマーケティング戦略を開発しようと決意しました。

そして、約10年にわたって理論の開発と検証を繰り返し、その成果をランチェスター戦略として体系的にまとめ、セミナーで提起しはじめたところ、ビジネス社の番場征社長（当時）が高く評価され、その強い勧めで、同社より１９７１年に『競争市場の販売予測』、翌年に『ランチェスター戦略入門』を出版しました。とたんに、多数の企業の経営者や幹部の方々からの問い合わせがきました。それは、日本経済が高度成長から低成長へ転換し、マーケットが成熟化し、企業間競争が格段に激しくなった時でした。

松下電器産業（現パナソニック）の松下幸之助会長からの問い合わせもあり、ナショナル商品のファン作りをするために、「泉会」という販売店組織を提案し、指導と研修を行いました。この泉会は大成功で、売上げが急上昇しました。しかし、田岡はこの泉会は10年たったら見直すべしと告げていました。田岡が幹部研修に行きますと、会長は、一番先に、最前列に座り、メモを取りながら何度も質問し、最後まで熱心に聞かれたとのことです。

松下電器産業はときにマネシタ電器と揶揄されましたが、ただ真似をしていたのではありません。ランチエスター戦略でいうところのミート戦略という強者の戦略であり、ライバル企業が新製品を出すと、全力をあげて、同等か、それ以上の製品の開発、販売を試み、また、大々的に宣伝をし、競争したのです。

それは、正々堂々とした競争であり、自由競争というのは、本来、そういうものだと思います。それでこそ、よりよく、より安い製品が、どんどん開発され、社会や人々の役に立つのであり、そこに企業の存在価値があると思います。それを揶揄するのは、おかしいと思います。そして、松下電器産業は、それに全力を尽くしていたのであり、だからこそ、ランチエスター戦略を、発表後、すぐに取り入れたのだと思います。

その他、ブリヂストン、イトーヨーカ堂、カネボウ、アシックス、日本生命、三井銀行、住友銀行など、多くの企業から声がかかり、田岡は、ランチエスター戦略の導入指導に忙殺されました。デミング博士の言葉を借りれば「ランチエスターを知らない経営者は電話帳から姿を消す」といわれるほど、その思想と戦略は成果をあげ、正しさが実証されたと思います。

カネボウは、大変に残念な結末を迎えましたが、田岡が指導したのは、カネボウ化粧品です。当時、カネボウは、化粧品では新参者であり、化粧品部門のトップに就任したばかりの伊藤淳二氏より依頼されました。以後、化粧品部門の皆様の大変な努力もあり、大きく発展し、資生堂に次ぐ勢力になり、カネボウが行き詰まったときも、立派な業績をあげていました。

１９８４年11月に他界するまで、田岡は、まさにビジネス戦士、全国くまなく飛び回っていました。ランチエスター戦略は、すっかり有名になり、信頼されるブランドになりました。しかし、自分が死んだら、その指導教育のために設立したランチエスターシステムズを解散するように命じました。

そのとおりにしましたが、ランチエスター戦略とか、それと類似した名前で、ランチエスター戦略の思想を理解しないままのハウツー論や、誤った考えが流布されるようになりました。また、当時、慶應義塾大学総合政策学部長井関利明教授（マーケティング論）と矢野経済研究所矢野弾副社長より、このままでは、せっかくのランチェスター戦略が忘れられ、それは社会的にも大きな損失だと意見されました。

そして、両氏、それに、千本倖生氏（イー・モバイル）、澤田秀雄氏（エイチ・アイ・エス）、大久保秀夫氏（フォーバル）など気鋭の経営者をはじめとする、ランチェスター戦略を評価されている学者・研究者と実務家の皆様の協力を得て研究会が発足しました。それが、NPO法人ランチェスター協会の設立へつながり、さらに十数年たち、今般のランチエスター戦略学会の発足に至ったのです。

田岡信夫が、身命を賭したと言っても過言ではない使命感と情熱で開発したランチェスター戦略を、多くの方々が学び、実践し、成功されていることを、何よりも田岡は喜び、感謝していることでしょう。このたび本書の刊行に際し、ランチエスター戦略を学び、実践してきた経営者の方々からメッセージを寄せていただきましたので、以下に紹介させていただきます。

ランチェスター戦略は日本発の戦略思想

イー・モバイル株式会社代表取締役会長兼CEO◉千本倖生

「私はこれまでに、NTTという独占的企業を飛び出し、DDI（現KDDI）、イー・アクセス、イー・モバイルといったベンチャーを立ち上げてきた。ベンチャーというのは常に新規参入事業者であり、ランチエスター戦略でいうところの弱者の立場にある。しかしながら、弱者には弱者がとるべき戦略があり、強者に勝つための条件があり、その限界もある。ランチエスター戦略は私にそれを教えてくれたバイブルである。

イー・モバイルは、NTT DoCoMo、au by KDDI、Softbank Mobile に続く4番目の携帯電話会社として、

2007年3月に既に加入者数が9500万に達する携帯市場に全くの新規参入を行った。そこで採った戦略は、当初は東京・名古屋・大阪に資源を集中して利用エリアを整備し、音声通信ではなくデータ通信サービスに特化して差別化し、その領域で絶対的優位を確立するというものであった。まさに弱者のランチェスター戦略を実践したのである。

結果としてイー・モバイルは、モバイル・ブロードバンド・データ通信では他社を寄せ付けない強さを発揮している。この成功をベースに、イー・モバイルは次のより高い目標に向けて段階的に事業を拡大しマーケットシェアを獲得することを目指している。中長期的にはナンバーワンのブロードバンド・サービス・カンパニーとなるべく、これからもランチェスター戦略を実践的に応用していきたいと考えている。

このようにランチェスター戦略は、登場から36年を経た現在も、昨今の変化の激しい事業環境にあっても、ほぼ普遍的に活用可能なものである。私のような起業家はもちろんのこと、大企業に籍を置く者も中小企業に籍を置く者も、ビジネスのあらゆるシーンにおいてそのエッセンスを適用することができよう。

またランチェスター戦略は故田岡信夫氏により体系的に構築された日本発の戦略思想である。日本のビジネス・パーソンが本書から学び、それをグローバルな競争市場で実践することが日本の国際競争力の回復につながり、ひいては日本社会全体が活性化されることを私は大いに期待する」

上層部の戦略と、現場の戦い方をインラインにしよう

元ソニー株式会社副社長◉鹿井信雄

「経営は市場での企業間の戦いであり、主（トップ）の思い、将（マネジメント）の器量と戦略、卒（マネジャー）の技量、兵（従業員）の訓練がインラインになり初めて高い成果を生む。戦場の戦略には「負けるが勝ち」の場合もある。要は将の器量が戦略、戦術に長けるかにある。その基本が確率論的に数式分析で思考できるのがランチェスター戦略・戦術理論である。これからの企業競争に生き残るには、戦略、戦術のと

り方の正しい理解が必須である。コンシューマー、エレクトロニクス商品で発展してきたソニーの歴史には随所にこの考え方があった。福田教授は田岡―斧田両先生のランチェスター理論、企業と自衛隊の両者を研学され教鞭をとられて双方に理解がある方である。本書は事例を含むランチェスター戦略、戦術の総合的集大成版であり学術書としても面白い」

経営者にすすめたいランチェスター思考

株式会社ドトール・コーヒー名誉会長◉鳥羽博道

「私の経営は、思ったことが思うようになる様にと懸命の努力をし、お客様に喜んでいただけるというのが一番の目的だった。夢中で自らの信念を貫き、気がついてみると業界一となっていた。のちにランチェスター戦略を知り、ランチェスター協会にも参画してみたところ、自分のやってきたことは、まさにランチェスター戦略であったのだと気がついた。もし、最初からこのランチェスター戦略を知っていて、意識をして戦略を練っていたならば、ドトール・コーヒーは今の三倍は大きくなっていたのではないかと思っている。本書を経営者の皆様にこそお勧めする」

古くて新しいランチェスター戦略

トリンプ・インターナショナル・ジャパン前社長◉吉越浩一郎

「デッドライン、残業ゼロ、頑張るタイム、強制的な長期有給休暇、そして早朝の全社会議……と多岐にわたる仕組みを導入することによって、会社の効率・スピードを上げ、トリンプ社長時代には19年間の増収増益を達成することができた。その結果を振り返ってみると、じつにランチェスター戦略に沿ったものが多いことに気がつく。この古くて新しいランチェスター戦略を今の機会に勉強し、有効活用されることをお勧めしたい」

成長へのチャレンジはランチェスター戦略の活用で

株式会社エイチ・アイ・エス代表取締役会長◉澤田秀雄

「好不況に関わらず、いつの世も成長を遂げている企業がある。不況に負けない企業体質をつくるには確固たる企業思考が必要である。この企業思考の基礎をなすものが、マーケティングの基本であるランチェスター戦略である。メガコンペティションの時代を乗り切り、成功を実現するために、何にでも応用しやすいランチェスター戦略は非常に重要だと思う。わが社もこの戦略を活用し、常に新しいマーケットに挑戦し、新しいマーケットを創造してきた。是非この戦略を取り入れて一人でもまた一社でも多くの皆様方に成功のチャンスをつかんでいただききたい」

ランチェスター戦略で株式上場に成功

株式会社フォーバル代表取締役会長兼社長◉大久保秀夫

「ランチェスター戦略と出会って22年が経つ。当時、当社は株式公開を目指していた。きっかけは、ブリヂストンの常務であった方を副社長としてお迎えした際、『ランチェスター戦略を学べ』と言われたことだ。以後、まさしく軍師として、常に私と当社と共に歩んできてくれた、無くてはならない存在がランチェスター戦略だ。ランチェスター戦略は、『孫子の兵法』を科学的に体系化したともいえる優れたものだ。本書は、これらを学ぶための現在最良の書であると確信している。

特に学んで欲しいのは、弱者の戦略、地域戦略、そして最も大切な営業戦略だ。当社は、この戦略を学び、当時日本最短記録の株式上場、グループ4社の上場に成功することができた。すべては、この戦略をきちんと実行したからに他ならない。故田岡信夫先生には、心より感謝の意を表したく、この場を借りて御礼申し上げる」

30年来のマーケティング戦略のバイブル

キヤノンマーケティングジャパン株式会社取締役エリア販売事業部長◉吉田哲夫

「ランチェスター戦略との出会いは30年程前の入社間もない頃に遡る。それ以降、故田岡信夫先生のランチェスター戦略シリーズは、マーケティング戦略を実践・応用する際の、私のバイブルと位置づけて今日に至っている。特にシェア戦略理論からは販売力構築計画に多大なる示唆を仰ぎ、これが現在の複写機シェア、ナンバーワンに結びついていると思っている」

＊　＊　＊

２００７年11月、ランチェスター戦略学会が設立されました。20世紀から21世紀へと時代が大きく変わり企業の競争環境も大きく変化しています、そんな中、何が正しく、成功確率を高めるかを、ランチェスター法則を原点にして研究すべく、学者と実務家が参加しました。

本書の著者である立教大学大学院の福田秀人教授は、ランチェスター研究会発足時からの19年来の同志であり、学会の研究委員長、副会長も務めています。学問的見地から高い見識と深い洞察をもって、また、平易に解説されている本書は、読者の皆様の役に立つと確信しています。

本書を契機に、競争戦略論の発展研究のために学会に参加される方が増えればと願っています。

最後に、ランチェスター協会とランチェスター戦略学会の設立へと導いてくださいました慶應義塾大学名誉教授・井関利明先生、明治大学大学院教授・上原征彦先生、矢野経済研究所特別顧問・矢野弾先生の３人の恩人、さらにランチェスター戦略の意義を理解、評価され、支持してくださいました多くの方々にこの場を借りて心から感謝を申し上げます。

［参考文献］

〈経営戦略関係〉

• Ansoff, H.（１９６５）*Corporate Strategy*（広田寿亮訳『企業戦略論』産業能率短期大学出版部）.
• ———（１９８８）*The New Corporate Strategy*（中村元一・黒田哲彦訳『最新・戦略経営』産能大学出版部）.
• Barney, J.（２００２）*Gaining and Sustaining Competitive Advantage*, 2nd Edition（岡田正大訳『企業戦略論』ダイヤモンド社）.
• Besanko, D., Dranove, D., and Shanley, M.（２０００）*Economics of Strategy*, 2nd Edition（奥村昭博・大林厚臣監訳『戦略の経済学』ダイヤモンド社）.
• Boyett, J., and Boyett, J.（１９９８）*The Guru Guide: The Best Ideas of the Top Management Thinkers*（金井壽宏監訳『経営革命大全——世界をリードする79人のビジネス思想』日本経済新聞社）.
• Chandler, D.（１９６２）*Strategy and Structure*（三菱経済研究所訳『経営戦略と組織』実業之日本社）.
• Clancy, K., and Stone, R.（２００５）"Don't Blame the Metrics," *Harvard Business Review*, Jun.（「マーケティングＲＯＩのジレンマ」『DIAMONDハーバード・ビジネス・レビュー』２００６年３月号）.
• DIAMONDハーバード・ビジネス・レビュー編集部編訳（２００７）『Ｈ・ミンツバーグ経営論』ダイヤモンド社.
• Fayol, H.（１９１６）*Administration Industrielle et Générale*（佐々木恒男訳『産業ならびに一般の管理』未来社）.
• 福田永一（１９９２）『管理職入門』東洋経済新報社. ※著者名は福田秀人のペンネーム
• 福田秀人（２００６）『見切る！——強いリーダーの決断力』祥伝社.
• ———（２００６）「企業の成長リスクと対策」『立教大学21世紀社会デザイン研究』№４.
• 福永雅文（２００５）『ランチェスター戦略「弱者逆転」の法則』日本実業出版社.
• Greenwald, B., and Kahn, J.（２００５）"All Strategy Is Local," *Harvard Business Review*, Sep.（松本直子訳「シンク・ローカル、アクト・ローカル」『DIAMONDハーバード・ビジネス・レビュー』２００６年３月号）.
• 今口忠政（１９９３）『組織の成長と衰退』白桃書房.
• ———（２００１）『戦略的マネジメント⑵』中央経済社.
• ———・土居弘元（１９９３）『戦略的マネジメント』中央経済社.
• 石坂巌（１９７５）『経営社会学の系譜』木鐸社.
• Kuhn, T.（１９６２）*The Structure of Scientific Revolution*（中山茂訳『科学革命の構造』みすず書房）.
• Milgrom, P., and Roberts, J.（１９９２）*Economics, Organization and Management*（奥野正寛ほか訳『組織の経済学』ＮＴＴ出版）.
• Mintzberg, H.（１９７３）*The Nature of Managerial Work*（奥村哲史ほか訳『マネジャーの仕事』白桃書房）.

●村上陽一郎編（１９８９）『現代科学論の名著』中央公論社．
●大前研一（１９７５）『企業参謀』プレジデント社．
●――――（１９８４）『ストラテジック・マインド』プレジデント社．
●岡田正大（２００１）「ポーターvs.バーニー論争の構図」『DIAMONDハーバード・ビジネス・レビュー』５月号．
●奥村昭博（１９８９）『経営戦略』日本経済新聞社．
●Porter, M.（１９７９）"How Competitive Forces Shape Strategy," *Harvard Business Review*, Mar./Apr.（「競争の戦略――５つの要因が競争を支配する」『DIAMONDハーバード・ビジネス・レビュー』２００7年2月号）．
●――――（１９８０）*Competitive Strategy*（土岐坤ほか訳『競争の戦略』ダイヤモンド社）．
●――――（１９９８）*On Competition*（竹内弘高訳『競争戦略論Ⅰ・Ⅱ』ダイヤモンド社）．
●佐藤總夫（１９８４）『自然の数理と社会の数理――微分方程式で解析するⅠ』日本評論社．
●――――（１９８７）『自然の数理と社会の数理――微分方程式で解析するⅡ』日本評論社．
●Sloan, A.（１９６５）*My Years with General Motors*（田中融二ほか訳『GMとともに』ダイヤモンド社）．
●Schumpeter, J.（１９５０）*Capitalism, Socialism and Democracy*（中山伊知郎・東畑精一訳『資本主義・社会主義・民主主義』東洋経済新報社）．
●Stiglitz, J.（１９９７）*Economics*, 2nd. Edition（藪下史郎ほか訳『スティグリッツ　ミクロ経済学　第2版』東洋経済新報社）．
●――――（２００２）*Globalization and Its Discontents*（鈴木主税訳『世界を不幸にしたグローバリズムの正体』徳間書店）．
●――――（２００３）*The Roaring Nineties*（鈴木主税訳『人間が幸福になる経済とは何か』徳間書店）．
●田岡信夫（１９７２）『ランチェスター戦略入門』ビジネス社．
●――――（１９７５）『実践ランチェスター法則』ビジネス社．
●――――（１９７７）『図解ランチェスター法則入門』ビジネス社．
●――――（１９８６）『総合ランチェスター戦略』ビジネス社．
●田岡佳子（２００４）『ランチェスター戦略ハンドブック』秀和システム．
●寺本義也・岩崎尚人（２００４）『経営戦略論』学文社．

〈**軍事関係**〉

●防衛教育研究会編（１９８３）『統帥綱領・統帥参考』田中書店．
●Clausewitz, K.（１８３２）*Vom Kriege*（篠田英雄訳『戦争論』岩波書店）．
●福田秀人（２００６）「アメリカ軍　軍事的意思決定の原則と運用」航空保安協会『航空の安全及び経済に関する研究』№52．
●Jomini, H.（１８３８）*The Art of War*（佐藤徳太郎訳『戦争概論』中公文庫）．

- 金谷治（１９６３）『孫子』岩波書店．
- 片岡徹也・福川秀樹編著（２００３）『戦略・戦術用語辞典』芙蓉書房出版．
- 菊池宏（１９７６）『戦争概論――戦争の本質』防衛大学校海上防衛学教室．
- ――（１９８０）『戦略基礎理論――戦略定義・力・消耗・逆転』内外出版．
- 桑田悦（１９９１）『攻防の論理』原書房．
- ――・岩下弘ほか（１９８３）『近代日本統合戦史概説（素案）』統合幕僚学校．
- Liddell-Hart, B. H.（１９３６）*The War in Outline*（後藤冨男訳『第一次大戦――その戦略』原書房）．
- ――（１９７０）*History of The Second World War*（上村達雄訳『第二次世界大戦』中央公論新社）．
- 守屋洋（１９８５）『兵法三十六計』三笠書房．
- Murray, W., and Millett, A.（１９９７）*Military Innovation in the Interwar Period*, Cambridge University Press.
- 中村好寿（２００６）『最新・米軍式意思決定の技術』東洋経済新報社．
- 小木曾文夫（１９７０）「ランチェスター交戦理論適用の一考察――戦闘様相の理論的考察」『陸戦研究』３月号．
- 大橋武夫（１９７６）『図解兵法』ビジネス社．
- ――（１９７８）『兵書研究』日本工業新聞社．
- Paret, P. (ed.)（１９８６）*Makers of Modern Strategy*（防衛大学校「戦争・戦略の変遷」研究会訳『現代戦略思想の系譜』ダイヤモンド社）．
- 佐藤徳太郎（１９６３）『近代以降における戦略・戦術思想の変遷』防衛大学校．
- 徳田八郎衛（１９９５）『第二次世界大戦――間に合った兵器』東洋経済新報社．
- ――（１９９８）「技術と戦術・戦略」陸上自衛隊幹部学校技術高級課程教育資料．
- ――（２００３）「ネットワーク基盤型防衛の様相」冨澤暉編著『シンポジウム・イラク戦争』かや書房．
- ――（２００４）「ＲＭＡ論議に関する一考察」湘南偕行会報告．
- ――（２００４）「ＮＣＷの戦いとは何だろうか？」陸上自衛隊幹部学校高級幕僚課程教育資料．
- ――（２００８）「20世紀後半以降の通常兵器発達と今後の趨勢――その殆どは進化である」偕行安保講座第３回講演報告．
- 外山三郎（１９７８）『西欧海戦史概説（上）』防衛大学校海上防衛学教室．
- U.S. Army（２００３）"FM6-0: Mission Command."
- ――（２００６）"FM5-0: Army Planning and Orders Preparations."
- ――（２００８）"FM3-0: Operations."

〈寄稿者一覧〉

上原征彦（うえはら・ゆきひこ）
明治大学大学院グローバル・ビジネス研究科教授（流通論・マーケティング戦略論）。ランチェスター戦略学会会長。日本勧業銀行、流通経済研究所、明治学院大学教授を経て現職。現在、政府の産業構造審議会流通部会長及びサービス部会長職と農林水産省の地域ブランド協議会長も務める。『創発するマーケティング』など著書多数。

矢野　弾（やの・だん）
NPO法人ランチェスター協会副理事長、『月刊カレント』潮流社代表。ランチェスター戦略学会副会長。矢野経済研究所の創設に参画し、代表取締役副社長、副会長を務め現在、特別顧問。日本童謡の会副会長、関東沖縄経営者協会常任理事、手工芸作家協会会長、世田谷商人塾顧問、日本バイオベンチャー推進機構副会長。『日本を想う心を訪ねて』など著書多数。

福永雅文（ふくなが・まさふみ）
ランチェスター戦略コンサルタント、戦国マーケティング株式会社代表取締役、NPO法人ランチェスター協会理事兼研修部長。ランチェスター戦略学会常任幹事、研究委員。ランチェスター戦略の教育研修、同戦略を基盤とした経営の実務指導を行う。『ランチェスター戦略「一点突破」の法則』など著書多数。

田岡佳子（たおか・けいこ）
NPO法人ランチェスター協会理事長。ランチェスター戦略学会副会長。1984年ランチェスターシステムズの創設者である夫の田岡信夫の死去に際し、その遺言により会社を解散する。86年周囲の勧めで会社を再興。93年日本ランチェスター協会を設立、98年内閣府認定NPO法人ランチェスター協会に改組、理事長に就任し現在に至る。『ランチェスター戦略ハンドブック』などの著書がある。

監修者紹介

ランチェスター戦略学会
ランチェスター戦略を体系的に発展させ，企業だけでなく，学校，病院，NPO 等の非営利組織が，「競争を前向きにとらえ，それぞれの社会的存在価値を向上させ，将来にわたる存続・発展可能性を高める」のに貢献する理論と方法を開発することを目的として，学者・研究者と実務家により設立された学会．
http://www.lanchester.or.jp/

著者紹介

福田秀人（ふくだ　ひでと）
1949年石川県生まれ．立教大学大学院教授（21世紀社会デザイン研究科危機管理学分野）．ランチェスター戦略学会副会長，航空保安協会評議員．慶應義塾大学大学院商学研究科博士課程修了．経営コンサルタントや会社役員として，経営戦略・組織体制の改革，リスクマネジメント，企業再生支援などに従事した後現職．放送大学客員教授，慶應義塾大学，海上自衛隊幹部学校などの講師も務め，戦略論，組織論をもとに，経営レベルの危機管理の教育・指導にあたっている．モットーは，着眼大局・着手小局．
著書に『見切る！――強いリーダーシップの決断力』などがある．
メールアドレス：fukuda-h@rikkyo.ac.jp
ブログ：http://blogs.yahoo.co.jp/hfukuda24

ランチェスター思考

2008年12月11日　第1刷発行
2011年2月23日　第5刷発行

監修者　ランチェスター戦略学会
著　者　福田秀人
発行者　柴生田晴四

〒103-8345
発行所　東京都中央区日本橋本石町1-2-1　東洋経済新報社
電話　東洋経済コールセンター03(5605)7021

印刷・製本　リーブルテック

Printed in Japan　ISBN 978-4-492-55624-5　http://www.toyokeizai.net/